Zu diesem Buch

«Wieder kommt die Abreise auf mich zu, unentrinnbar, bestimmt von der Angst und Trauer und ein wenig Freude auf ein schönes Zimmer in der Stadt und Neugier auf die Briefe, die da liegen mögen. Ich fürchte mich vor der Steuerprüfung, die ins Haus steht, vor den Vorträgen, die ich halten soll und mit einem Selbstvertrauen zugesagt habe, das mir jetzt aberwitzig erscheint. So hänge ich am Haken meiner eigenen Regression, meiner Sehnsucht nach dem Urzustand, der sich eingestellt hat und jetzt wieder preisgegeben werden muß. Meine eigene Planung reißt mich aus dem Leben hier, und den Haken, der schmerzt, habe ich selbst geworfen und geködert. Die Trennung ist wie für immer, ich kann mir nicht vorstellen, daß ich den Mond nächstes Jahr wieder zwischen den Zypressen sehen werde und den Schweiß des Sonnenbades auf der kleinen Terrasse vor dem Schweinestall in einem Tümpel des Bachs abwaschen werde. Nie wieder werden die Schmetterlinge über dem Oliveto tanzen, werde ich morgens die Eichhörnchen aus dem Nußbaum scheuchen und einige reife Feigen vom letzten, sorgfältig freigelegten Baum holen, der hinter der capanna steht. Es scheint mir, daß die Zivilisation zu dichteren Grenzen und härterer Autonomie erzieht, daß sie dem Individuum überall gleich begegnet und es daher auch vor aller Trennung schützt, während sich verstrickt, wer ins Vegetative fällt, in diese summende, raschelnde Wildnis, in eine lebendige Ruhe, die süchtig macht und den Unterschied zwischen dem Verlust des eigenen und dem so vielen Lebens um mich verwischt.»

Wolfgang Schmidbauer, geboren 1941 in München, studierte Psychologie und promovierte 1968 über «Mythos und Psychologie». Tätigkeit als freier Schriftsteller in Deutschland und Italien. Ausbildung zum Psychoanalytiker. Gründung eines Instituts für analytische Gruppendynamik. 1985 Gastprofessor für Psychoanalyse an der Gesamthochschule Kassel; Psychotherapeut und Lehranalytiker in München.

Er ist als Autor zahlreicher Bücher bekannt geworden, unter anderem «Die hilflosen Helfer. Über die seelische Problematik der helfenden Berufe» (1977; rororo Nr. 9196), «Alles oder nichts. Über die Destruktivität von Idealen» (1980; rororo Nr. 8393), «Helfen als Beruf. Die Ware Nächstenliebe» (1983; rororo Nr. 9157), «Die Angst vor Nähe» (1985; Rowohlt Verlag), «‹Du verstehst mich nicht!› Die Semantik der Geschlechter» (1991; Rowohlt Verlag), «Eine Kindheit in Niederbayern» (1993; rororo Nr. 13226).

Wolfgang Schmidbauer

Ein Haus in der Toscana

Reisen in ein verlorenes Land

Erweiterte Neuausgabe

rororo
Rowohlt

Veröffentlicht im Rowohlt Taschenbuch Verlag GmbH,
Reinbek bei Hamburg, August 1995

Satz Sabon (Linotronic 500)
Gesamtherstellung Clausen & Bosse, Leck
Printed in Germany
1290-ISBN 3 499 13648 1

Inhalt

Vorwort 7

Über sentimentale und dynamische Nostalgie 12

Das Dachsschwein 25

Gino und die weißen Kühe 31

Ugo und Vittorio 39

Valentino 46

Consilio und Maria 56

Serafino und Costantina 62

Dario der Hirte 71

Sequestrino und Riscattone 82

Ein hohler Baum 88

Die Lichter der Ebene 95

Die Pinie 107

Zurück über den Apennin 109

Die Eule der Baronesse 115

Ferragosto 119

Die Ferramenta 120

Fiera calda 124

Der Lehm in den Fugen der Mauer 128

Die Oase von Gattaia 134

Der Haken 137

Schlangengeschichten 141
Der Zusammenbruch des Sommers 146
Erdverbindungen 152
Privatwildnis (Tagebuch) 163

Vorwort

Wenn er etwas Ungewöhnliches erlebt, denkt wahrscheinlich jeder Schriftsteller daran, es aufzuschreiben. Aber der Weg von einem solchen Plan zu einem Buch ist weit und verwickelt. Als ich 1966 für ein paar tausend Mark ein verlassenes Bauernhaus in der Toscana kaufte und dort lebte, schien mir das mitteilenswert. Nach einigen Jahren war ein Manuskript fertig, das ich meinem damaligen Verleger Berthold Spangenberg zeigte. «Zu persönlich», sagte dieser. Ohne es noch zu begreifen, erfuhr ich zum erstenmal, wie ein Produkt gewissermaßen durch seinen Rückstoß den Produzenten prägt. Ich war Journalist, Psychologe und Sachbuchautor; das sollte ich bleiben. «Wenn jetzt *das* von Ihnen erscheint, verwirrt es die Buchhändler nur. Haben Sie nicht ein anderes, ein psychologisches Thema für uns?»

So verstaubte das erste Manuskript über das Haus in Vicchio, bis ich es einer Freundin lieh, die dort zu Gast gewesen war, und es von ihr nicht mehr zurückbekam. Als dieser verschollene Text entstand, lebte ich noch das volle Sommerhalbjahr in Italien, hatte einen Gemüsegarten angelegt und vergeblich versucht, einen Pächter für die Oliven zu finden. Dennoch bedauere ich nicht, daß dieser erste Text verloren ist. Vermutlich war ich damals noch so selbstverliebt, daß ich einfach alles, was mit mir geschah, was ich beobachtete und fühlte, für mitteilenswert hielt. Vermutlich bin ich es immer noch mehr, als manchem kritischen Leser lieb ist. Über der Frage, ob meine zweite Fassung «reifer» sei, bin ich ins Grübeln geraten. Getreide oder Obst ist erst gut für Zunge und Magen, wenn sie reif werden. Ein Mensch (und auch ein Buch) ist nie nur gut, sondern immer widersprüchlich. Über unsere Reife könnte nur jemand befinden, der zu uns ein ähnliches Verhältnis einnimmt wie wir zu einem Apfel. Wenn «reifer» heißt, daß mehr Erfahrung von Trauer und Endlichkeit verarbeitet ist, Süßes oder Bitteres sich eindringlicher mischt, wenn es vielleicht sogar bedeutet, die unentrinnbare Unvollkommenheit und Unreife unserer Lebensentwürfe klar zu sehen, ohne doch mutlos zu werden, dann mag die «Privatwildnis» auch reifer sein als das verschollene Manuskript.

Mein zweiter Traumberuf war, die Geschichten zu deuten, die mir Menschen erzählten, die sich in ihrem Leben verirrt hatten wie Kinder in einem Wald. Ausbildung und die Arbeit mit Patienten banden mich an die Großstadt. Aber ich kann nicht behaupten, daß die Trauer über den Verlust der toskanischen Idylle jemals abgeschlossen wurde. Die Felder verwilderten. Jedes Jahr kam ich mehrere Male in das Haus. Es war ein Teil meines Lebens geworden und manchmal eine Last, wenn Nachrichten kamen, daß Einbrecher die Türe eingeschlagen hätten oder das Dach der *capanna* (des Nebengebäudes) vom Einsturz bedroht sei. Irgendwann fiel mir auf, daß ich inzwischen länger in dieser Gegend ansässig war als die meisten Nachbarn – 1986 waren es zwanzig Jahre. Damals begann ich, ein Tagebuch zu schreiben, wie um die Erinnerung an den kurz gewordenen Sommeraufenthalt in Vicchio festzuhalten. Im Herbst, wenn ich die Psychotherapie-Praxis wiederaufnahm und meinem wilden Paradies nachtrauerte, tippte ich diese Notizen in die Maschine und dachte daran, ein Buch aus ihnen zu machen. Diesmal ging es mir nicht mehr um den exotischen Reiz einer Ansiedlung in der Fremde. Ich wollte einen Prozeß beschreiben, die Veränderung einer Welt, in der ich gefunden und verloren hatte, was mir als unbewußter, kostbarer Besitz bereits einmal in Niederbayern gehört hatte. Meine «Privatwildnis» erwies meine Trägheit und meinen Trotz, als könnte ich die Zeit stillstehen lassen, indem ich nichts an dem Anwesen veränderte. Während andere, die solche toskanischen Gehöfte übernommen hatten, sie mit gekachelten Bädern, elektrischem Strom, Zentralheizung und Telefon versorgten, erschreckte ich meine Lebensgefährtin gelegentlich durch Tagträume, auch noch Küchenofen und Gasherd abzuschaffen, wieder am offenen Feuer zu kochen und dreibeinige Töpfe in die Glut zu stellen. Die Plastikeimer, aus denen wir das Quell- oder Zisternenwasser in Wasch- oder Spülschüssel schütteten, wollte ich durch die urtümliche *broca*, den Krug aus Ton oder Bronze, ersetzen und kein Stück aus dem zwanzigsten Jahrhundert mehr um mich haben. Wie Thoreau mit dem Bau seiner Hütte in den Wäldern von New England * wollte ich meiner eigenen Abhängigkeit von der Zivilisation widersprechen. In einer mehr ästhetisch als ökologisch gemeinten Rebellion verteidigte ich meine Autonomie durch Bedürfnislosigkeit. Und wie Thoreau übersah ich wohl auch, daß es leichter ist, bedürfnislos zu sein, wenn ein großes, in den Städten unstillbares Bedürfnis erst einmal befriedigt ist: das nach einem freien, ungestörten, grünen Raum weit um mich herum. Wer trockene Äste in den Wäldern um sein Haus sammelt und auf den großen Sandsteinplatten seines Küchenkamins morgens ein Kochfeuer für das Teewasser anzündet, gewinnt in dieser Mühe einen Reiz, den elektrische Kaffeemaschine oder Gasherd ihm verweigern.

Die Natur ist für uns etwas geworden, was wir im guten Fall beobachten und schützen, im (häufigeren) schlechten ausbeuten und zerstören, dem wir uns aber immer gegenüberstellen. Wie wir uns waschen, frisieren, rasieren, desodorieren, wie wir kochen und essen, dieser Filz zivilisatorischer Gewohnheiten trennt uns von den Pflanzen und Tieren. Wer diesen scheinbaren Schutz verliert, diese Macht durch Abstand, der fühlt sich zunächst verarmt und bedroht. Ich habe in dem Toscana-Haus Besucher kennengelernt, die nach drei Tagen abreisen mußten, weil sie sich nicht mit Schüssel und Krug waschen wollten, sich vor dem Bach im Wald ekelten (es saßen Würmer an den Steinen, die sie für Blutegel hielten) und anfingen zu stinken. Einer ging mit dem Kanister kilometerweit zum Dorfbrunnen, weil er sich nicht vorstellen konnte zu trinken, was aus der Erde quillt. Natürlich ist es

* Der Schriftsteller Henry David Thoreau (1817–1862) verfaßte sein Hauptwerk, das essayistische Tagebuch «Walden or Life in the Woods», während eines zweijährigen Aufenthalts in einer selbstgebauten Hütte am Waldensee. Seine Themen: Lob eines genügsamen, naturnahen Lebens, ziviler Ungehorsam (ein Ausdruck, den Thoreau prägte), Kritik staatlicher Macht.

ein wenig mühsam, morgens einen Tagesbedarf von zwei Eimern Wasser von der Quelle zu holen. Wer dazu nur ein Ventil öffnen muß, spart gewiß Kraft und Zeit. Aber er tritt auch an keinen klaren Tümpel, in den eilig zwei grüne Frösche springen, atmet nicht den Tauduft über dem feuchten Gras. Es mag an der trokkenen, jedoch tief von Naturbindungen geprägten Bildung liegen, die ich im humanistischen Gymnasium erfuhr, daß die Begegnung mit der Quelle unter dem flüsternden Schatten der Pappeln mich entzückte, als träfe ich etwas, was mir jemand lange versprochen und doch nie geschenkt hätte. Mir erfüllten sich längst aufgegebene Hoffnungen.

Ähnlich das offene Feuer. Viele Märchen leben mit seiner Glut und machen in einer von Kälte und Hunger befreiten Welt nur noch leere Worte. Ein armes Mädchen, das in der warmen Asche schlief, weil es keine Decke hatte, wurde in der alten Küche bis in den beizenden Geruch hinein lebendig, der ihm einst anhaften mochte und mir jetzt in die Nase stieg, wenn ich die Reste des Feuers mit dem Strohwisch zusammenfegte. Die Süßigkeit der Preisgabe vieler unserer zivilisatorischen Anhängsel wurde mir viel früher bewußt als ihre ökologische Rechtfertigung (die so leicht einen moralinsauren Beigeschmack annimmt). Mein Buch über und gegen den *homo consumens** schlug mehr die zuletzt genannte Richtung ein. Ich bleibe dabei, daß die leise Mahnung der Vernunft zum Konsumverzicht, zur freiwilligen Einschränkung, angesichts des Werbelärms der Massenmedien und des erkauften Schweigens der Intellektuellen nicht verstummen sollte. Gegenüber den falschen Paradiesen der Güterproduktion scheint mir meine Privatwildnis, dornenbewehrt und privilegiert, wie sie ist, auch ein persönliches Paradies: zwei Hektar Abhang, Land, das niemand nutzt, aus dem niemand etwas macht, die keiner bebaut und bewohnt als jene, die ein älteres

* W. Schmidbauer, «Weniger ist manchmal mehr. Zur Psychologie des Konsumverzichts». Reinbek (rororo) 1984. Ergänzte und erweiterte Fassung eines Buchs, das 1972 unter dem Titel «Homo consumens» in Stuttgart (DVA) erschien.

Lebensrecht auf diesem Planeten haben als wir. Ich bin darin gelegentlich zu Gast wie der Besucher in einem Museum, zahle Eintritt in Form von Kratzern durch die stachelbewehrten Ranken und Zweige, die widerwillig den Weg freigeben zu den Lichtungen.

Nach den Tagebuchnotizen begann ich, kurze Geschichten über Menschen zu schreiben, die wie ich und doch ganz anders als ich in einen Strom von Veränderungen geraten sind, der wie eine umgekehrte Sintflut die Menschen von den Bergen in die Täler spülte, die alten Häuser und Felder entvölkerte, die überkommenen Lebensformen sinnlos erscheinen ließ, ohne doch glaubwürdige neue anzubieten. Als ich die über einen längeren Zeitraum hin entstandenen Texte für dieses Buch überarbeitete und ordnete, entschloß ich mich, diese Begegnungen mit meinen Nachbarn vor das Tagebuch zu setzen, weil in ihnen eine Zeit geschildert wird, die vor der Privatwildnis liegt, die Jahre zwischen 1966 und 1976, in denen die letzten Bauern ihre *poderi* verließen.

München, im Oktober 1989 *W. S.*

Über sentimentale und dynamische Nostalgie

Vorwort zur Taschenbuchausgabe

Für diese Ausgabe habe ich den Text um einige Geschichten ergänzt, die es seither zu berichten gibt. Bücher, die ein Stück Wirklichkeit schildern, verändern es, stiften neue Situationen und Beziehungen. So habe ich einige denkwürdige Tage mit einem Kamerateam in Mugello verbracht, das versuchte, Buch und Autor televisionsgerecht darzustellen: Ich fühlte mich als Schauspieler unter fremder Regie in den eigenen Kulissen. Nachbarn erzählen von Fremden, die sie auf Irrwegen fanden. Sie hielten ein Buch in Händen und fragten, wo der Autor zu finden sei. Durch eine Besprechung in der Lokalzeitung, die *il galletto* heißt, ohne das geringste mit dem gleichnamigen Helden einer meiner Geschichten zu tun zu haben, wird von manchen Leuten, die ich kenne, und wohl auch von einigen, die nur mich kennen, mein im Italienischen unzugänglicher Name in den dessen transkribiert, der das Buch geschrieben hat – *quello che ha scritto quel libro*. Das gefällt mir besser als mein Name von 1966, *il tedesco*, der inzwischen angesichts von mindestens fünfzehn im Gemeindegebiet angesiedelten Deutschen unpersönlich geworden ist. Zur Rezension im *galletto* kam es, weil eine seit über dreißig Jahren in Borgo San Lorenzo verheiratete deutsche Lehrerin den Text für einige Freunde übersetzte und ihn auch dem Herausgeber des Lokalblattes gab.

Die Eichen in den früheren Feldern sind so hoch gewachsen, daß diese nur für ein kundiges Auge noch vom Wald zu unterscheiden sind. Sie versperren an vielen Stellen den Blick. Da im Tal jedes Jahr neue Baumärkte und Düngemittelfabriken gebaut werden, nehme ich es hin, obwohl sich der historische Charakter des Hauses dadurch vollständig verändert hat. Es liegt nicht mehr, von freiem Feld umgeben, über einer weiten Ebene, die bis zu den Bergen des Abetone hinfließt, sondern in einem Laubwald, dessen Kronen die Tarnnetze der Waldreben abzuschütteln beginnen.

Ich habe einen neuen Namen für das Haus erfahren: *La casa del impiccato.** Ein früherer Pächter soll Selbstmord begangen haben, vielleicht an dem stabilen Eisen, das im großen Balken der Küchendecke steckt. «Das hat Ihnen natürlich niemand erzählt», sagte die Besucherin stolz auf ihren aufklärerischen Mut, nachdem sie versucht hatte, den mitleidigen Ton in der Bewunderung zu unterdrücken, mit der sie unseren Verzicht auf ein modernes Badezimmer aufgenommen hatte.

Der große Nußbaum, der sich über das Dach neigt, in seinen guten Jahren doppelt so hoch wie das Haus, treibt jedes Jahr weniger aus. Auf den Ästen stehen Notschößlinge. Es wird schwer sein, ihn zu fällen, ohne das Haus zu gefährden.

Diesen Winter hat wieder einmal jemand die Tür aufgebrochen und einen billigen Kassettenrekorder mitgenommen. Der materielle Schaden ist unbeträchtlich, ich könnte über die Bescheidenheit des Diebes erleichtert sein und bin doch beunruhigt und von der Empfindung verfolgt, einem Übergriff ausgesetzt zu sein. Es gibt jemand Unbekannten, der ungefragt in einen Teil meiner Sphäre eindringt und dort noch mehr plündern könnte, als er es getan hat. Als ich das erste und letzte Mal einen solchen Einbruch den Carabinieri meldete, sagte der Polizist vorwurfsvoll im süditalienischen Dialekt: *«Ma cosa vuole, queste case abbandonate!»*** Ein Wunsch nach Frontbegradigung taucht auf. Wenn schon die Welt so feindliche Züge hat, darf man ihr nur möglichst wenig Angriffsflächen bieten. Weit verstreuter Besitz macht verwundbar. Wieder einmal ringe ich um eine endgültige Lösung – immer hier sein, nie wieder kommen, das Haus in andere Hände geben. Der Selbstmörder fand es wohl auch unerträglich, keine Lösung zu haben.

* Das Haus des Erhängten

** Was wollen Sie, diese verlassenen Häuser!

Ich habe ein Schild an die Tür geheftet, auf dem folgender Text steht: «*Vi preghiamo di rispettare le serrature di questa casa rurale, lasciato nello stato originale, luogo di villegiatura di una familia. Dentro non c'è niente di valore, dato anché il caso che i ladri già c'erano.*»* Diese harmlose Maßnahme beruhigt mich; es ist doch gut, an die Macht der Worte zu glauben, wohl wissend, wie wenig Verlaß auf sie ist.

Wenn wir die Autobahn über den Apennin in Barberino di Mugello verlassen, fahren wir seit vielen Jahren über den Grund des jetzt aus Geldmangel doch nicht vollendeten Stausees von Bilancino. Die Straße führt uns an verlassenen Äckern und riesigen Gruben vorbei, die vom Grundwasser gefüllt sind. Aus ihnen stammt wohl das Material für den mit weißen Steinplatten verkleideten Damm, der einige Kilometer vor uns das Tal abriegelt. Wie auf einem der modernen Vexierbilder, die plötzlich eine Tiefendimension und eine neue Bedeutung gewinnen, wenn man sie starr anblickt, versuche ich mir auszumalen, wie ich zwischen Algenwiesen und Resten modernder Bäume fahre, weit über mir den blauben Spiegel des künstlichen Sees. Zwischen den *rustico*-Pfeilern des großen Tors der Villa delle Maschere schwimmen wulstlippige Karpfen. Die Walrippe, die auf den Feldern von Caffaggiolo gefunden und an der Stirnseite eines Bauernhauses befestigt wurde, hat sich das Meer zurückgerufen.

Nüchtern betrachtet ist das Unternehmen, das nach der großen Überschwemmung von 1966 (die unseren ersten Herbst in Vicchio markierte) geplant wurde, ein Beleg für die Verantwortungslosigkeit im Umgang mit Kapital, Technik und Natur. Der Bau wird begonnen, obwohl die Finanzierung nicht geklärt ist. Wenn erst die Hälfte steht, muß der Rest auch noch bezahlt werden! Die *Anonima Sequestri* (Entführungs-AG) genannte Sparte der Mafia in Sardinien läßt Kapitalisten durch Schafhirten ent-

* Bitte, respektieren Sie die Riegel an diesem bäuerlichen Haus, das im ursprünglichen Zustand belassen ist und einer Familie zur Erholung dient. Es gibt nichts von Wert darinnen, auch angesichts der Tatsache, daß die Diebe schon da gewesen sind.

führen, um Lösegelder zu erpressen; die Kapitalisten hier nehmen ein großes Stück der Landschaft als Geisel, um den Staat zur Finanzierung ihrer Bauvorhaben zu nötigen.

La casa del impiccato: Ich hänge an diesem *podere*, und doch geht es manchmal über meine Kräfte. Ich muß mich überwinden, in meinem Urlaub wieder auf dem Dach herumzuklettern und morsche Ziegel auszuwechseln, die Fugen in der *capanna* mit Mörtel zu stopfen und nachts aufzustehen, um den Jeep über den Berg zu fahren, weil ein Gewitterregen droht, den Weg so zu durchnässen, daß wir am nächsten Morgen vielleicht im Schlamm steckenbleiben würden. Ich hasse die Autobahnfahrt auch dann, wenn ich ausnahmsweise ohne Stau durchkomme und die Trucker auf der Apenninstrecke das Überholverbot nur dort mißachten, wo es nicht lebensgefährlich ist.

Solche Äußerungen appellieren beim zweiten Lesen an den Autor, sie wieder zu streichen. Was soll die Klage? Beherrscht er nicht das Einmaleins des Lebens, das doch lautet: Alle Dinge haben ihren Preis? Wer darf die Rosinen aus dem Kuchen pikken? Wer hat, worum ihn andere beneiden, muß zufrieden sein. Vermutlich ist diese erzwungene Schweigsamkeit über die Schattenseiten unserer Erfolge eine subtile Rache der älteren Generation an der jüngeren, die sich so in dem gefährlichen Glauben bestärkt sieht, daß nur Dummköpfe oder Schwächlinge jenes Gute nicht finden können, das rein ist, das nicht den Keim eines Übels in sich trägt.

Meine Beziehung zu diesem Stück Toscana trägt die Spuren der frühen Ambivalenz. Wollte ich, als ich das Haus fünfundzwanzigjährig um einige tausend Mark kaufte, der heimischen Zivilisation und ihren Karriereroutinen den Rücken kehren, oder wollte ich nur eine besonders originelle Karriere machen? Aus dem Rattenrennen aussteigen, ganz ohne Ehrgeiz, aber insgeheim den Trick finden, die ehrlich keuchenden Wettbewerber doch noch auszustechen? «Ja!», wie meine Tochter Anna im Alter von drei Jahren solche Entweder-oder-Fragen zu beantworten pflegte.

Wenn ich diesen Studententraum seelisch überwunden und

nicht materialisiert hätte – was wäre dann? Solche Fragen sind historisch unzulässig. Es gibt kein «Was wäre wenn?» in der Geschichte. Ich bereue es nicht, das Haus gekauft zu haben, aber ich würde es heute nicht noch einmal tun. Es ist eine Lebensentscheidung, die sich nicht wiederholen läßt. Wenn ich mich noch einmal woanders ansiedeln will, werde ich es mit einer Gruppe tun, so daß die Sorge auf mehreren Schultern ruht und es kein jährlicher Zwang wird, für Haus und Hof zu sorgen. Ich erlebe immer wieder, wenn ich durch schöne Landschaften reise, in Andalusien oder Anatolien, in der Peloponnes oder in Marokko, wie verführerisch es ist, eines der mit der Landschaft verwachsenen Bauernhäuser wie einen Anker zu nehmen, sich zu entwerfen, wie es sein mag, dort Wurzeln zu schlagen, Bäume zu pflanzen, immer wieder zu kommen, eines jener zweipoligen Magnetfelder zu schaffen, durch die ein Zwischenraum strukturiert wird. Von München bis Trient fahre ich von etwas fort, von Trient nach Vicchio zu etwas hin; je näher ich komme, desto vertrauter wird die Fremde, bis sie schließlich nicht mehr fremd ist, sondern wieder Heimat. Selbst in Costa Rica habe ich mir vorgestellt, wie es wäre, eine Hütte in einer palmengesäumten Bucht zu haben. Aber ich bin inzwischen auch mit der seelischen Überwindung solcher Versuchungen vertraut, und sei es durch schlichte Rechnungen, wie viele bequeme Urlaube sich von dem Geld bezahlen lassen, das allein die Notarkosten oder die erste Dachreparatur verschlingen, wieviel Entspannung sich erreichen läßt, wenn andere die Verantwortung für ein Eigentum tragen und ich den ermieteten Besitz ruhig genießen kann.

Als ich jung war, hielt ich Erinnerungen für meinen kostbarsten Besitz. Etwas erlebt zu haben, nur ein einziges Mal, und es gehörte mir für immer. Die irdische Liebe, beispielsweise, die ich um so höher schätzte, je weiter sie in meiner katholischen Erziehung gegenüber der himmlischen zurückstehen mußte. Heute bin ich mir des Besitzes solcher Schatzhäuser nicht mehr sicher. Es mag daran liegen, daß die Kraft des Gedächtnisses nachläßt und Geheimzahlen an Geldautomaten, die man nicht aufschreiben soll, mir als subtile Folter der Techniker an den Geisteswissenschaftlern (und der Jugend am Alter) erscheinen. Nur Geschichten merke ich mir so gut wie früher; freilich läßt die Gewißheit nach, ob ich sie bereits erzählt habe oder nicht.

Die Erfahrung, wie vergänglich auch Erinnerungen sind, ein erster Vorgeschmack des Todes, trägt zu einer subtilen Wende in unserem Leben bei. Aber darüber hinaus gehört die Unsicherheit, ob bestehen bleibt, was ist, zu meiner historischen Konstitution, zum Aufwachsen nach dem Zusammenbruch eines politischen Systems, das Vernichtung und Eroberung idealisierte. Die Toscana war fremd, sie wirkte ursprünglich und schön, wie die Welt in Vergils *Bucolica**, daher ließ sich an sie auch die Phantasie knüpfen, daß hier nicht galt, was mich an Deutschland so abstieß – eine hektische, rücksichtslose Aufbaustimmung, in der auf Glanzpapier dafür geworben wird, Jugendstilhäuser zu verschönen, indem man den Stuck abschlägt und die Sprossenfenster durch Isolierglasscheiben ersetzt. Es war eine Rückkehr in meine Kindheit und in die Texte meiner Jugend, in eine Lebensform vor der Moderne, vor dem ersten großen Krieg. 1906 hatte der Deindorfer Schmidbauer das Haus gebaut, welches ich 1966, wie nach einem Loretowunder, in der Toscana wiederfand, ohne fließendes Wasser und mit dem Stall für vier Kühe – zwei Milchkühe, zwei als Gespann für den Heuwagen.

So habe ich mich in der unbewußten Absicht, das Dahinschwinden dieser Welt ungeschehen zu machen, dem gleichen Verlust ein zweites Mal ausgesetzt, bewußter, ebenso betroffen, aber mehr in der Lage, zu verstehen, was geschieht und warum es

* *Boukolos* ist der Rinderhirt im Griechischen; er war der Vornehmste unter den Hirten. *Bucolica* ist der griechische Titel einer Sammlung lateinischer Gedichte von Vergil; «der Hauptunterschied zu Theokrit besteht darin, daß Vergil nicht mit dem Abstand des Städters das sizilianische Hirtenleben mimetisch schildert, sondern... eine musikalische Welt, einen Raum der Seele erbaut, in der er im Symbol von einer Welt des Friedens, der Liebe und des Gesanges träumen kann, Tragisches in Musisches verwandelnd.» Der kleine Pauly, Lexikon der Antike, Bd. V, S. 1193, München (Druckenmüller) 1975.

geschehen muß. Heute kommt kein Bauer mit seinem Kuhgespann mehr vorbei und kein Hirte mit seinen Schafen oder Ziegen, sondern die örtliche Reitschule oder ein Wanderer vom Campingplatz, dem ich helfen soll, seine Wegbeschreibung zu entziffern. Die Köhlerplätze von damals sind Orientierungspunkte von Mugello Trekking, und ein jagdbegeisterter Krankenpfleger plant, den Wald zum Bach hin einzuhegen und darin Jagdhunde mit Hilfe einiger zahmer Wildschweine darauf zu dressieren, das Borstenwild im toscanischen Dschungel zu finden, der – ganz anders als der Dschungel Indiens – zumindest im Mugello in den letzten Jahrzehnten gewachsen ist und mehr wilde Tiere ernährt als vor fünfzig Jahren.

Meine Nachbarn haben die traditionell zwischen Haus und Scheune geführten Wege dergestalt umgeleitet, daß ihr Vorplatz nicht periodisch mit Pferdeäpfeln oder Touristen belegt wird. Ich definiere die Belästigung bei jedem Aufenthalt als gerade noch erträglich und vertage die Entscheidung auf den nächsten. So höre ich wenigstens, wie der Reitlehrer, dessen Truppe mich nackt beim Duschen vor der Zisterne überrascht hat, seinen Schützlingen erklärt, das sei *il famoso tedesco*, der mit dem Buch, und nehme nachher die Frage meiner Lebensgefährtin entgegen, ob das nun ernst gemeint sei oder ironisch. Die Antwort ist auch diesmal: Ja!

«*Come và?*»* fragte ich Dario Pampalone, den Hirten, als ich ihn letztes Jahr sah. Er hatte Zähne verloren, der Rest seiner Haare war grau geworden, und er blickte mich an wie einen Fremden. Dann trat das vertraute, vulkanische Leuchten in seinen düsteren Blick.

«*Si tira avanti così*», sagte er.

Das heißt ungefähr: Man zieht so weiter. Ein Beduinenspruch. Er hat kein Haus gekauft, zum Zorn seiner Frau, die inzwischen fünffache Großmutter ist und ihn verflucht, weil er das Dach nicht repariert und die günstigen Kredite nicht haben will, mit denen Pächter Eigentümer werden können. Dario hat nur seine

* Wie geht's?

Herde und will nur seine Herde haben. Was kümmert ihn ein Haus. Wenn es durchs Dach regnet, stellt man das Bett zur Seite.

In Bruce Chatwins Buch über die Songlines der australischen Aborigines steht der Satz: Die Zukunft der Menschheit wird asketisch sein, oder sie wird nicht sein.* Wer sich mit Lebensformen beschäftigt, die viele Jahrtausende stabil bleiben, kommt zu diesem Ergebnis. Das Modell, das uns selbst naheliegt, sind freilich nicht die Jäger und Sammler der Altsteinzeit, an die Chatwin seinen Paradiesmythos bindet.** Es sind unsere bäuerlichen Ahnen. Vor der Machtübernahme durch die Industrialisierung und dem Einzug der Fremdenergie in die Gehöfte lebten sie nicht anders als viele Generationen vor ihnen. Die Werkzeuge, mit denen vor hundert Jahren der toscanische *mezzadro* hantierte, kennen wir aus den Funden von Pompei.

Selten hat sich ein soziokultureller Wandel so rasch und eingreifend abgespielt wie im Verlust dessen, was heute in der Toscana *civiltà contadina* genannt wird und sich in ländlichen Museen dem staunenden Blick einer jungen, aber auch dem vertraulichen Nicken einer älteren Generation zu erkennen gibt. Zu den Merkwürdigkeiten solcher Veränderungen gehört, daß Museumsgegenstände für unter Dreißigjährige für viele Sechzigjährige Werkzeuge sind, die sie täglich in der Hand ihrer Eltern sahen und noch selbst erprobten und die seit vielen Jahrhunderten in dieser Weise gebraucht wurden: das Joch für die Zugochsen, der Kupferkessel über dem Feuer, die steinerne Handmühle, die Beile zum Behauen der Dachbalken.

So läßt sich der Begriff des «verlorenen Landes» genauer fassen; es ist diese *civiltà contadina*, zugleich eine Landschaft, eine Lebensform, eine ästhetische Welt, die seit 1960 zu verschwinden anfing. In der Nähe der großen Zentren begann dieser Pro-

* Bruce Chatwin, The Songlines, New York (Viking) 1987

** Wie andere auch habe ich am Ethno-Romantizismus der sechziger Jahre partizipiert und versucht, ganz wissenschaftlich dabei zu sein. Eine Frucht ist das (schwer erhältliche) Buch «Jäger und Sammler. Als sich die Evolution zum Menschen entschied», Planegg (Selecta-Verlag) 1972.

zeß früher, auf den fruchtbaren Böden der Ebene hatte er eine andere Gestalt als in den Hügeln im Herzen der Toscana. Aber im Val d'Elsa, im Val di Pesa, im Chianti und im Mugello ist das *bel paesaggio*, die schöne Landschaft der Mezzadria, verschwunden, ein engmaschiges Netz von Poderi mit fast durchweg von Oliven, Reben oder Obstbäumen unterbrochenen und überschatteten Feldern. Die meist freistehenden Häuser mit ihren Nebengebäuden waren durch gepflegte, baumgesäumte Staubstraßen verbunden und meist durch kleine Waldstücke, Eichen- und Kastanienhaine getrennt. Zypressen und Zedern hinter hohen, grauen Mauern kündeten vom Park einer Villa, dem Haus des Signore. Wo das Land sehr fruchtbar und eine Stadt nahe war, fand der Reisende die gartenähnlichen *poderini*; in den Hügeln wurden die reinen Felder größer, es gab auch Weide und Wald. Am Fuß der Berge fanden sich dann die *poderoni*: große Gebäude mit Viehställen für extensive Weidewirtschaft. In der Provinz von Florenz gab es 1936 noch über 25 000 Pächterfamilien, denen weniger als 6000 Bauern auf eigener Scholle gegenüberstanden – meist in den ärmeren Gebieten, die von der Landnahme durch die Feudalherrn und ihre bürgerlichen Erben verschont geblieben waren. Der Kontakt zwischen Stadt und Land war sehr eng, weil jeder zu einigem Wohlstand gekommene Handwerker oder Kaufmann sein Geld in *poderi* anlegte und den Sommer mit seiner Familie in seiner Villa verbrachte.

Wortmächtigere Autoritäten als ich haben sich dagegen verwahrt, ästhetische Fragen mit moralischen Argumenten zu diskutieren. Dennoch bleibt die Versuchung groß: Darf die Schönheit einer Landschaft, der Teppich aus Gemäuer und bemoostem Dach, Fruchtbaum und Zypresse, Mühle und Kalkofen, Steinbruch und Kirche bewundert werden, ohne zu erwähnen, daß soziale Ungerechtigkeit herrscht? Ohne zu beklagen, daß es ein Mißverhältnis ist, wenn der Mezzadro die Hälfte seiner Ernte dem Padrone abgeben muß, der fünf, zehn, ja hundert Pächter für sich arbeiten läßt?

Während es in Schweden und Norwegen immer eine tragende Schicht freier Bauern gab, wurden in den meisten anderen europäischen Ländern die Pächter durch Reformgesetze, deren Beginn kurz vor oder nach 1800 einsetzt, schrittweise zu Eigentümern des Bodens gemacht, den sie bewirtschafteten. In der Toscana blieb das Reformwerk auf halbem Weg stehen. Der Mezzadro war zwar frei, zu gehen (wenn er keine Schulden beim Padrone hatte). Aber das Land gehörte ihm nie. So hat er nicht die enge Beziehung entwickelt, die in Südtirol oder Bayern zur typischen Betriebsform des Nebenerwerbs führt. Selbst wenn der Bauer in der Fabrik arbeitet (schon gar, wenn er ins Tourismusgeschäft eingestiegen ist), hängt er an seinem Land und bemüht sich, es nicht verkommen zu lassen. Allerdings schützt bei einem Mißverhältnis zwischen Handarbeit und Ertrag und bei großen Schwierigkeiten, genügend Kapital für eine Mechanisierung zu finden, auch Eigentum nicht vor Landflucht; auf der Insel Elba etwa, wo ich einige Bauernfamilien gut kannte, die das eigene Land bearbeiteten, haben fast überall die Söhne ihre Weinberge aufgegeben, weil sie nicht vom geringen Verdienst ihrer Väter leben wollten und die Arbeit nicht nebenbei, mit Maschinenhilfe, geleistet werden kann.

Wer durch die Toscana reist, sieht eine gegenüber den sechziger Jahren völlig veränderte Landschaft. In den Tälern dominieren Urbanisationen und Fabriken; in den Hügeln und an den Berghängen erkennt nur noch das geschulte Auge die Umrisse einstiger Felder und terrassierter Haine. Viele Häuser sind verfallen, andere werden an Touristen vermietet oder als Wochenendhaus genutzt. Die Landschaft ist eintönig geworden, ein Merkmal, das etwa im Motiv «wogendes Weizenfeld – einsame Zypresse» in manchen neueren Bildbänden bereits als typisch toscanisch erscheint. Wo sich die Landwirtschaft erhalten hat, wo sie neu aufgebaut wurde, sind es Monokulturen – Olivenhaine und Reben in den Hügeln, Mais und Sonnenblumen in der Ebene.

Die gegenwärtig «wirtschaftliche» Betriebsgröße von mindestens sechzig Hektar und einem Maschinenpark im Wert von tausend Rindern spricht ihre eigene, gewalttätige Sprache gegenüber dem typischen *podere* mit seinen vier Stück Großvieh. Damit sinkt die Zahl der in der Landwirtschaft Beschäftigten auf einen Bruchteil der früheren Quote. Die ländliche Dienstleistungs- und Freizeitindustrie mit Reitställen, künstlichen Seen, Restaurants und Hotels gibt in der Provinz Florenz wohl schon mehr Personen Arbeit als die bäuerlichen Betriebe.

Der Atem der Landschaft hat sich geändert. Er ist heute von der Unermüdlichkeit und Kilowattstärke der Dieselmotoren geprägt – oder von Wildwuchs, von angeflogenem oder aufgeforstetem Wald, in den die Planierraupen der Holzfäller ihre Schneisen graben. Auf den Bildern aus der Zeit der Mezzadria, die bei der älteren Generation das erwähnte, wiedererkennende Kopfnicken auslösen, entspricht der Atem der landschaftlichen Bewegungen dem *fiato di bestia*, dem Atem der Zugtiere. Da Pferd oder Ochse nur eine bestimmte Entfernung gleichmäßig ziehen kann, ist jede Ackerfurche in ihrer Länge begrenzt. Diese Grenze gibt allen bäuerlichen Landschaften vor der Motorisierung ihre eigentümlich anrührende Qualität.

Das im *podere* verwirklichte Prinzip einer intensiven Nutzung auf engstem Raum mit einer hochgradigen handwerklichen und sozialen Vernetzung hat die toscanische Landschaft seit Jahrhunderten gestaltet. Mit dem Verlust dieser Kraft nimmt die Landschaft, einst der Garten Europas genannt, eine andere Gestalt an. Ich finde diesen Prozeß traurig und faszinierend zugleich; ich bin immer wieder betroffen, wenn ich auf mühsamen Wanderungen durch Dornen und Gestrüpp, zerkratzt und erhitzt, plötzlich vor den kunstreich geschichteten Steinen einer Trockenmauer mit einem glatt behauenen Durchlaß für den Bach stehe, der hier zur Regenzeit floß.

Die Mezzadri hatten nie eine Chance. Von den Padroni ausgebeutet, von einem Wirtschaftssystem im Stich gelassen, das Transportkosten kurzerhand der Umwelt aufbürdet und so einen «Weltmarkt» eröffnet, blieb ihnen (und uns) die Chance vorenthalten, eine landwirtschaftliche Entwicklung zu gestalten, die mit wirklichem Respekt vor Mensch, Tier und Pflanze an die Aufgabe herangeht, möglichst viel ökologische Stabilität, Schönheit und Nutzen in Einklang zu bringen.

Man pflegt solche Gedanken nostalgisch zu nennen und unterlegt diesem Wort, das eigentlich die schmerzliche Sehnsucht nach Heimkehr umschreibt, einen sentimentalen und realitätsfernen Charakter. Aber welche Zukunft, wenn überhaupt eine, haben die selbstgewissen Vertreter des gegenwärtigen Systems der Landschafts- und Naturzerstörung anzubieten?

Wir wissen heute, daß die Ästhetik der Armut, die den modernen Stadtmenschen in den ursprünglich gebliebenen, nicht von Motorkraft veränderten bäuerlichen Landschaften bezaubert, gegenwärtig keine Aussicht hat, sich neben der Industriegesellschaft zu behaupten. Ihre Schönheit entsteht, weil die menschliche Kreativität und körperliche Leistungsbereitschaft durch nackten Zwang zu Höchstleistungen angespornt wurden. Ohne den Rahmen der Notwendigkeit, jener Göttin Ananke, die im Pantheon der Antike stärker war als Zeus, kann diese Situation nicht aufrechterhalten werden. Daher die Verführung durch die Maschine, vor allem die Kraftmaschine, welche den menschlichen Atem ins scheinbar Grenzenlose steigert und den trügerischen Wohlstand der gegenwärtig reichen Gesellschaften erzeugen hilft. Trügerisch deshalb, weil es unendlich schwer ist, den Verlust der natürlichen Begrenzungen unserer körperlichen Leistungsfähigkeit durch gesellschaftliche Disziplin zu ersetzen, die uns dazu bringen könnte, unseren Luxus dort einzuschränken, wo wir ihn durch ökologische Zerstörung erkaufen.

Mit dem Verschwinden der *civiltà contadina* und ihres Trägers, des Mezzadro, hat in Italien das ethnographische* Interesse an der eigenen Vergangenheit eingesetzt. In der Toscana gibt es eine Reihe von Gruppen, die tangible Spuren der bäuerlichen Welt sammeln und interessierten Besuchern zeigen. 1983 wurde in der Ebene, auf die ich blicke, in Grezzano, einem kleinen Ort unweit von Borgo San Lorenzo, das Museo di Casa

* Der in Deutschland übliche Unterschied zwischen «Volkskunde» und «Völkerkunde» hat in Italien nie bestanden. Ethnographie beschäftigt sich mit dem polynesischen Fischerdorf so gut wie mit den Köhlern des Apennin.

d’Erci gegründet, das eine große Sammlung alter Geräte, Gefäße und Produktionsverfahren zeigt. Ein ähnliches Museum gibt es seit 1974 in Gaville (bei Figline Valdarno) für das Arnotal und in Palazzuolo sul Senio (nahe der Straße Florenz–Faenza) für die Bergbewohner.

Der Verlust der bäuerlichen Lebenswelten durch scheinbare ökonomische Notwendigkeiten und die ihm folgende Beschäftigung mit seinen ethnographischen und ökologischen Konsequenzen zeigt einen Ausschnitt einer globalen Krise. Überall verlassen arme Bauern ihre Subsistenzbetriebe und tragen zur explosiven Vergrößerung städtischer Zentren bei, in Griechenland und der Türkei wie in Indien oder Brasilien. Überall wachsen im Gefolge dieser Veränderungen nostalgische Wünsche und museale Rekonstruktionen. Bisher fehlt eine Voraussicht, welche die Flüchtlinge durch die Hochschätzung dessen, was in seinem Wert erst nach seinem Verlust erkannt wird, an dem Ort erhält, wo sie ihre Wurzeln zu verlieren drohen. So geht es darum, der Nostalgie ihre Sentimentalität zu nehmen und sie in eine Kraft zu verwandeln, durch die künftig Heimat nicht mehr überstürzt und hilflos preisgegeben wird.

Vicchio, September 1994 *W. S.*

Das Dachsschwein

Wir hatten vor einem Jahr das Haus *in mezza collina* (auf halber Höhe) bei Pontavicchio gekauft und waren beschäftigt, die Wände zu weißeln. Von April bis Oktober lebten wir hier, an keines der Netze geknüpft, in denen die Zivilisation ihre Opfer fängt und verzehrt – weder an eine Wasserleitung noch an eine Autostraße noch an ein Stromkabel. Die Karrenwege von einst hatten sich in tief eingeschnittene Bachbetten verwandelt. Nach den Gewittergüssen führten sie der Sieve gelbliches Wasser zu. Sie schwoll dann an und ließ bunte Plastiktüten wie Signalwimpel in den Weidenzweigen hängen.

Unser Nachbar dem Tal zu hieß Otello Sorbi. Alle sagten Galletto zu ihm, Hähnchen. Er war damals 55 Jahre alt, mit dichtem grauen Haar und vielen Falten, die seinem Gesicht einen Ausdruck von Ratlosigkeit und Zorn gaben, auch wenn er freundlich lächelte. Der Galletto war ein Außenseiter, über den sie im Dorf lachten. Auch wir paßten nicht in die Ordnungsmuster von Bürger und Bauer, *signore* und *contadino*, lebten ärmlicher als er, holten Holz aus dem Wald und Wasser von der Quelle.

Bald ahnten wir, wie die Dörfler auf den Spitznamen des Galletto gekommen waren. Er blies sich gerne auf. Wir fanden heraus, daß er sein *podere* nur dank der Arbeit seiner Frau halten konnte. Wie der Galletto ein kleiner Hahn, war sie eine große Glucke, rundlich, mit kräftigen Armen, dunklen Locken um ein breites, gutmütiges Gesicht; sie lachte, wenn sie über ihre Rükkenschmerzen sprach. Man sah sie selten. Wenn sie einmal kam, schaffte sie an einem Nachmittag mehr als der Galletto in zwei Wochen. Sie wohnte mit den Kindern im Dorf und arbeitete im Schlachthof. Dort sammelte sie die Abfälle, Kutteln *(trippa)* und Gedärm. Mit ihnen ernährte der Galletto eine Herde langer, blanker Schweine, die sich tagsüber im Wald und auf den Feldern herumtrieben. Von den Schlägen eines Prügels gegen einen alten Blecheimer gerufen wie die Novizen im Kloster vom Vesperglöcklein, kehrten sie abends zu dem alten Haus zurück. Dann verschlangen sie ihr Abendessen: *trippa e crusca alla galletto,* in einem großen Eimer gekocht, der an dicken Drähten über dem Kaminfeuer hing. Die großen Mutterschweine stellten sich mit beiden Füßen in den Trog und schleuderten mit energischen Schlenkern der gesenkten Schnauze die heranwachsende Schweinejugend beiseite. Diese drängte sich quiekend von hinten wieder heran. Die *crusca* (Kleie) brachte der Galletto mit seinem mageren Esel vom Dorf herauf. Er klagte über die hohen Kosten beim Müller, von dem er sie holte, und pries die Qualität seiner Schweine, die den ganzen Tag frei herumlaufen könnten. Der Mann in Pontavicchio, der den Schinken mache, lohne ihm leider diese Qualität nicht. «Er müßte die Schweine einsperren», sagte seine Frau. «So rennen sie den ganzen Tag herum und nehmen nicht richtig zu. Aber er ist zu faul dazu, er sitzt lieber in der Bar und spielt Karten!»

«Wenn deine Schweine noch einmal meine Weide umgraben, dann komme ich und kastriere dich», sagte der Hirte Dario Pampalone einmal zum Galletto. «Was soll ich machen», meinte dieser. «Sie haben nur nach Würmern gesucht. Die haben soviel Kraft im Rüssel, die heben jeden Zaun und jede Tür hoch. Wenn es Herbst wird und sie Eicheln finden, dann kommen sie nicht mehr auf die *campi*! ... Ich mache das mit den Schweinen nicht zum Geldverdienen, sondern weil ich die Rasse liebe. Es sind so schöne Tiere. Ich könnte viel mehr Geld verdienen. Aber in zehn Jahren gehe ich in Pension. Ich will mich nicht verrückt machen – *non voglio ingrullire.*»

«È pazzerello», sagten die anderen von ihm, verniedlichten den *pazzo*, den Verrückten, zum harmlosen, kleinen Narren. Der Galletto brachte nichts zustande. Sein selbstgemachter Schinken war ihm zu einer verschrumpelten Masse in einer Salzkruste mißraten, von der ich aus Höflichkeit ein Scheibchen aß. Daraufhin brachte er am nächsten Tag das ganze Reststück als Geschenk mit. Da er es nicht zurücknehmen wollte, verbrannte ich es irgendwann später im Kaminfeuer. Der Galletto verdäch-

tigte alle anderen Bauern, sie würden ihren Wein verfälschen. Seinen, der wie Essig schmeckte, pries er als *genuino*, reine Natur. Wenn eine Sau ferkelte, kam seine Frau, um zu verhindern, daß die *scrofa* ihren Nachwuchs erdrückte. Sie schnitt den kleinen Schweinchen mit der Rebenschere die spitzen Eckzähne ab.

Ich fand den Galletto sonderbar, aber ich mochte ihn und hörte ihm gerne zu. Weil er sich oft wiederholte, verstand ich seine Geschichten in dem rohen Toskanisch des Mugello, in dem zum Beispiel *caldo* wie *chardo* gesprochen wird. Er erzählte sie zwischen dem Kaminfeuer und dem Schweinestall, in dem die massige *scrofa* zwischen den wuselnden zehn Ferkeln leise schnob. Der Galletto war als Zwangsarbeiter in Deutschland gewesen. Da hatte der *capo* gerufen, wer kann vier Säcke Zement tragen? Und während die anderen keine Lust hatten, für die verhaßten Deutschen den Buckel krumm zu machen, meldete sich der Galletto und schleppte die vier Säcke. «Du gut Mann», hatte der *capo* gesagt. Und der Galletto bekam viel zu essen und ein Bier. Ob wir ihm nicht eine deutsche Frau bringen könnten? Die deutschen Frauen würden sicher hier bei ihm bleiben mitten im Wald. Er hätte ein altes Grammophon mit Trichter und Nadeln. Da könnte er Musik machen und mit dem blonden Fräulein tanzen. Überhaupt seien die deutschen Frauen genügsamer als die anspruchsvollen *signorine* in Vicchio, als seine Töchter. Jeden Samstag müßten sie zum Tanzen, trügen immer schicke Kleider, arbeiteten in der Fabrik und gäben nichts ab. Die Frau schufte im Dorf und denke nicht daran, ihrem Mann auf dem *podere* zu helfen!

Wenn der Galletto Holz holte, ritt er hoch auf dem mageren Esel, den schon allein das Gewicht des mächtigen Packsattels zu erdrücken schien, an unserem Haus vorbei. Wenn seine Frau einmal kam, führte sie den Esel an einem Strick; dafür mußte er bei ihr mehr Holz schleppen. «*Povera bestia*», sagte sie. «Das arme Vieh!» Sie polsterte den hölzernen Sattelrahmen, dessen Druck die Haut des Tieres wundscheuerte, mit einem Grasbüschel. «*Non lo cura il mio marito!*» Mein Mann kümmert sich nicht um ihn. «*È intero*», sagte der Galletto stolz von dem Esel, dessen heiserer Schrei wie das Keuchen einer rostigen Pumpe das Tal erfüllte. «Er ist nicht kastriert. *Può far la razza.* Neulich ist einer gekommen und hat mir zwanzigtausend Lire gegeben, damit er ihm seine Eselin deckt.»

Eines Morgens kamen der Galletto und seine Frau den Hangweg herauf. Sie trug einen großen Aluminiumtopf, den sie auf unseren Küchentisch stellte. *«È il tasso maiale»*, sagte sie schüchtern. *«Volete provare?»* (Wollt ihr versuchen?) Ich hob den Topfdeckel und sah einen großen, schön gespickten Braten, wie einen Rehrücken, der in gebräuntem Öl mit Knoblauchzehen und Zwiebelringen schwamm. Was *maiale* war, das wußten wir – ein Schwein. Aber *tasso*? «Was ist das, *tasso maiale*?» Ein wildes Tier, das im Wald lebt, ähnlich wie das *cinghiale*, das Wildschwein, aber etwas kleiner, erklärte die Frau des Galletto. Sie würde uns diesen Braten gerne schenken. Es sei doch schade, ihn wegzuwerfen, all das schöne Olivenöl, fast einen Liter, und das Salz, die Gewürze...

Heute morgen hätten die Jäger das *tasso maiale* geschossen, setzte der Galletto hinzu. Sie liehen sich Pickel und Schaufel und gruben es aus seinem Bau. Sie brachten das tote Tier zu ihm, da sie es nicht selber abziehen wollten. Weil der Galletto und vor allem seine Frau dem *tasso maiale* die Haut abzogen, schenkten sie ihnen das Fleisch. Die beiden brieten das Wild, wie es sich gehört. Aber beim ersten Bissen störte sie doch der *sapore selvatico*, nein, kein *sapore cattivo* – Wildgeschmack, das sei etwas anderes als schlechter Geschmack. Es sei sicher sehr gutes Fleisch, aber sie hätten es nicht mehr essen können. Da fielen dem Galletto die deutschen Frauen in der Nachkriegszeit ein, die aus zwei Kerzen eine Suppe kochten. Er beschloß, den Braten zu uns zu bringen.

Während meine Tochter den Esel mit Disteln fütterte, schlug ich im Lexikon nach. Tasso war bisher für mich nur ein berühmter Dichter. Endlich fand ich heraus, wovon wir redeten. Ein Dachsbraten! *Tasso* lag im Topf, während *maiale* eine ähnliche Bedeutung hatte wie die Umschreibung des Teufels als Gottseibeiuns. Vielleicht hätte ich sogar – Zigeuner essen Igel, Indianer

Hunde – eine Schnitte vom Dachsbraten versucht. Trichinen konnte das Biest kaum haben, braungebraten wie es war. Aber die Erinnerungen an deutsche Notgerichte aus Kerzen und Schuhsohlen? Deutsches Schwein, gutes Schwein, frißt alles? Da sollte doch lieber das Olivenöl samt dem gespickten Dachs in den Schweinetrog! Betrübt und enttäuscht (wollten wir wahrhaftig den Topf nicht dabehalten?) zogen die beiden wieder ab.

Es heißt, daß die Geschichte von Kain und Abel urzeitliche Kämpfe zwischen Hirten und Ackerbauern widerspiegelt. Die Herden weiden, wenn es der Hirte zuläßt, nur allzu gerne in den Saaten. Als wir uns mit Tomaten- und Obstbaumpflanzungen über das Stadium des Pilze- und Brombeersammelns hinausentwickelten, veränderte sich auch die Freundschaft zum Galletto. Weil die Schweine wenig eintrugen und der Transport der Kleie mit dem Esel zu mühsam war, fiel unserem Nachbarn ein, Schafe und Ziegen zu halten. Mit Glöckchen um die Hälse einiger Leittiere ließ er sie ebenso frei laufen wie die Schweine. Schafe sind harmlos. Wenn sie nicht sehr hungrig sind, fressen sie nur Gras (und natürlich Tomaten oder Salat, wenn sie können). Aber Ziegen sind mörderisch. Sie klettern auf junge Bäume, brechen sie durch ihr Gewicht und verspeisen Knospen und grüne Blätter. Der Galletto versprach, die Ziegen von unseren frischgepflanzten Bäumen fernzuhalten. Als wir im nächsten Frühjahr kamen, lagen fast alle Aprikosen- und Birnenstämmchen geknickt am Boden. Seine Ziegen seien es nicht gewesen, sagte der Galletto. Außerdem müsse man um jeden frischgepflanzten Baum einen Stacheldraht wickeln. Die Bäume würden sicher wieder austreiben und schöner werden als zuvor. Und für Schadenersatz habe er kein Geld, *punti soldi*.

So begann der Ziegenkrieg. Ich schoß mit dem Luftgewehr auf den tückisch blickenden Bock, der die verwilderte Herde anführte. Er hatte meine Frau einmal auf einem Waldspaziergang attackiert. Atemlos kam sie mit der weinenden Tochter auf dem Arm nach Hause. Sie konnte sich nur mit einem Prügel, durch das schreiende Kind behindert, seiner Hornstöße erwehren. Wenn wir sie nicht bewachten, überfielen die Ziegen unsere

Pflanzungen und brachen trotz aller Schutzmaßnahmen, trotz Stacheldraht und Kastanienpfählen, die Kronen der Obstbäume ab.

Schließlich schrieb ich einen Brief an die Forstbehörde und beschwerte mich über Herrn Sorbis Ziegenherde. Jeder von uns blickte in eine andere Richtung, wenn wir uns zufällig im Dorf trafen. Ich erfuhr nicht, ob die *forestali* Maßnahmen ergriffen oder der Galletto die Ziegenherde schließlich abstoßen mußte, weil niemand den Ziegenkäse essen mochte, in dessen Herstellung und Verkauf er große Hoffnungen gesetzt hatte. Zwei Jahre später war das Haus des Galletto verlassen. Ein Teil des Daches stürzte ein. Die Felder verwilderten. Als ich auf einem Spaziergang durch ein Meer von Brennesseln watete und die morsche Tür aufstieß, hätte mich fast eine Steinlawine getroffen. Nachdenklich stocherte ich in den Resten seines Haushalts. Matratzen spien ihre rostigen Federn aus. Neben einem Haufen alter Kleider lagen der zerbrochene Trichter eines Grammophons, ein Haufen Pornohefte, leere Flaschen. Am Kamin hing noch ein zerbeulter Farbeimer, von Ruß geschwärzt. Über der alten Feuerstelle stand der blaue Himmel; Ziegeltrümmer und Stücke morscher Balken bedeckten den Fußboden. Obwohl sie aussehen wie für die Ewigkeit gebaut, zerfallen diese Häuser schnell, wenn die Dächer nicht instand gehalten werden. Der Pilz frißt die nassen Balken, das Dach stürzt ein, Regen wäscht den Mörtel aus den Fugen des Mauerwerks.

Gino und die weißen Kühe

Die alte Signora F. gab sich hart wie Granit, als wir ihr das dem Verfall geweihte Haus auf dem Hügel abkaufen wollten. Der *mediatore* (Makler, Vermittler), ein über achtzigjähriger Mann, der lange Jahre als Gutsverwalter gearbeitet hatte, redete beschwörend auf sie ein. Das Haus sei wertlos, sagte er, nur der Grund bringe noch etwas ein. Wenn sie es nicht diesen jungen Fremden, die mitten im Wald wohnen wollten, verkaufe, bleibe ihr in zwei Jahren ein Trümmerhaufen. Die Million Lire (damals etwas über sechstausend Mark) sei nicht viel, aber nicht zu verachten. So sagte sie endlich zu. Ihr Widerstand beschränkte sich auf ein energisches: «*Bernini, non voglio spese.*» Das hieß, sie wollte keine zusätzlichen Ausgaben, weder an den *mediatore*, Signor Bernini, noch an den Notar.

Der Makler riet uns, als Kaufsumme ein Drittel des tatsächlich bezahlten Betrages anzugeben, um Grunderwerbssteuer zu sparen. Das Finanzamt konterte mit einer Schätzung, die dem tatsächlichen Kaufpreis ziemlich genau entsprach. Ein würdevoller Notar in einem Saal voll geschnitzter Möbel aus schwerem, dunklem Holz händigte uns den Vertrag aus. Als das Geschäftliche erledigt war und wir uns – wie man es von den *tedeschi* erwartete – als solide Partner zeigten, die bar bezahlten, wurde die Signora freundlich. Wir hatten mit dem Haus auch ein wenig von der Protektion der *padrona* erworben. Sie kam aus Piemont, aus der Familie Ferrero, und hatte einen toskanischen Industriellen geheiratet. Dieser legte sein Geld in der Landwirtschaft an. So lebte seine Witwe von den Einnahmen ihrer fünf *poderi* und der Miete zweier Stockwerke des *palazzo* in Florenz recht gut, bis die Landflucht nach dem Zweiten Weltkrieg begann. Jetzt mußte sie nach Vicchio, um das Haus in Florenz ganz zu vermieten. Die Umzüge vom *palazzo* im Winter zur ländlichen *villa* im Sommer hörten auf.

«De Gasperi hat uns betrogen», sagte die Signora. «Er hat

versprochen, daß alles beim alten bleibt, und dann hat er uns die *mezzadria* (Halbpacht) genommen.» Kinderlos, entschlossen, den größten Teil ihres Besitzes ihrem Neffen zu vermachen, lebte die Signora mit der Familie ihres Verwalters, des *fattore* Elio, seiner Frau Gina und deren Tochter Silvia. Allmählich wurde Silvia zu ihrer Enkelin, verwöhnt und umsorgt. Sie besuchte die höhere Schule, sollte studieren. Elio mußte sich, da die *fattoria* nicht genug Verdienst abwarf, nach einem eigenen Geschäft umsehen. Er zog ein Transportunternehmen mit Viehhandel auf. Seine Frau blieb Haushälterin/Gesellschafterin der Signora, die sie mit rührender Sorgfalt pflegte. Eine solche erweiterte Familie hielt alle Beteiligten fest.

Die alte Dienerin einer entfernten Verwandten unserer Signora in der nördlichen Hälfte der großen Villa erlitt einen Schlaganfall. Hatte bisher die freundliche, vielleicht siebzigjährige Maria ihre verkniffene, etwa fünfzigjährige Signorina bekocht und betreut, nahm nun die *padrona* ihre halbseitig gelähmte alte Dienerin in Pflege. Sie erzählte stolz, wie sie diese bade und aufs Töpfchen setze, während die alte Frau dabeisaß. Maria schien alles zu verstehen, aber ihr Wortschatz hatte sich auf *madonna buona* («heilige Muttergottes») und *si si* (ja, ja) reduziert. Diese Worte sagte sie in den verschiedensten Betonungen, traurig und fröhlich, zustimmend und nachdenklich, wenn sie auf dem Vorplatz der Villa in der Sonne saß, flankiert von der Signorina, der Signora und Gina.

So wurden wir adoptiert, zum Essen eingeladen (Gina kochte; die Signora entschuldigte sich, weil es nur eine Sorte Fleisch gab und die *pasta* zweimal gereicht wurde), mit Ratschlägen versorgt. Wir parkten selbstverständlich unser Auto bei der Villa auf dem Hügel und gingen die halbe Stunde durch den Wald. Das Werkzeug und den kleinen Gasherd konnten wir hochtragen, einmal auch eine vier Meter lange Regenrinne, die in den Windungen des Pfades tönend gegen die jungen Kastanienstämme stieß. Aber Matratzen, Betten, die Gasflasche, ein Schränkchen, Zement und Ziegel für die Dachreparatur? «Die bringt euch Gino mit den *vacche* (Zugkühen)», sagte die Signora.

So lernten wir einen fröhlichen alten *mezzadro* (Halbpächter) kennen, der uns, da wir ein Haus wie seines bewohnten, auch wie Freunde behandelte. Er war damals an die sechzig und dreißig Jahre im Dienst der *padrona*. *«Sono trent'anni sotto la Signora»*, sagte er. «Früher war sie eine schöne Frau *con belle coscie* (mit schönen Schenkeln). Ich hatte damals viele dunkle Haare.» Gino lebte mit seiner Frau Modestina, seiner Tochter und einem Schwiegersohn in einem Haus oberhalb der Villa. «Der Schwiegersohn dürfte da nicht wohnen», sagte die Signora, «ohne daß ich es erlaube. Aber sie haben mich nicht gefragt. Er müßte auch auf dem Land arbeiten. So war es früher. Aber ich sage nichts. *Non voglio dare fastidio a nessuno* (Ich will keinem Menschen Ärger machen).»

«Früher war sie eine schöne Frau, aber jetzt taugt sie nicht mehr viel», sagte Gino von ihr. «Und immer dieser Neffe, dieser *comandante di marina* (Kommandant der Marine; faschistischer Rang). *‹Lascio ogni cosa a lui›*, sagt sie (er ahmte ihre Redeweise nach). ‹Ich überlasse ihm alles.› Habt ihr gesehen, was der für eine häßliche Frau hat? Das habe ich ihm einmal gesagt, als er auf die Jagd ging und wir uns oben im Wald trafen. Und was hat er gesagt, dieser *bìschero*? *‹Basta che sia buona al lavoro›*, hat er gesagt.» Gino lachte und schlug sich auf die Schenkel. *«Basta che sia buono al lavoro!»*

Im Wörterbuch stand für *bìschero* «Geigenwirbel; auch dummes Luder». Es war ein Lieblingsschimpfwort der Bauern hier. Wir hatten den Verdacht, es enthalte eine sexuelle Anspielung – eher dummer Schwanz als dummes Aas. *«Basta che sia buono al lavoro»* meinte Gino auf jeden Fall sexuell – also nicht «es reicht, wenn sie gut arbeitet», sondern eher: «Es reicht, wenn sie gut ist im Bett!» Immer wenn er von der *padrona* redete, war Gino voller solcher Anspielungen, als sei es sein Zaubermittel, sich über sein leibeigenes Verhältnis hinwegzusetzen. «Gino arbeitet nicht viel», erzählte der Galletto, der ihn nicht leiden konnte. «Er ist stark, aber er tut nichts. Er hat Schulden bei der *padrona*, er kann nicht weg aus der *mezzadria*, auch wenn er will.»

Die Möbel zum Haus zu bringen war eine Arbeit nach Ginos Geschmack. Er mußte kräftig zupacken, aber er brauchte nicht lange. Schon zogen die weißen Kühe mit ihren langen, schön geschwungenen Hörnern und dem sanften Blick den Wagen durch den Wald. Ich ging hinterher und bewunderte die Konstruktion des *carro*. Zwei lange Kastanienstämme gingen v-förmig vom Joch der Zugtiere nach hinten, über die beiden kleinen, stämmigen Räder mit dem kräftigen Eisenbeschlag und der dikken Achse hinaus. Auf ebenem Grund trugen diese Räder die Last, während in den tiefen Rinnen die hinten hinausragenden Stämme das Gefährt stützten. Viele Bauern benützten sogar die noch primitivere *slitta*, den Schlitten, ähnlich konstruiert, aber ohne Räder, mit einem Geflecht aus Kastanienruten als Tragfläche – einen für Mist, einen für Gras und Heu. Es gab selten weite Wege auf den *campi*. Ginos *carro* trug einen Aufbau wie einen großen Korb, der ebenfalls aus den Kastanienruten geflochten war, wie sie überall in der *palina*, dem Niederwald, wachsen, wenn er vor einem Jahr geschlagen worden ist.

Gino lenkte die Kühe mit einer langen Leine, die zu den eisernen Ringen in ihren großen Nüstern führte. Die Löcher im Weg fingen die hinteren, schon ganz abgeschliffenen Deichselbäume ab, während er die hochragenden Steinbuckel einfach überfuhr. Der von den Schlittenstämmen geschützten Achse konnten sie nichts anhaben. Der Auspuff meines VW-Käfers war bei meiner ersten Fahrt auf diesen Straßen eingedrückt worden. Mit diesem einfachen Gefährt, dessen Teile Gino – ausgenommen Räder und Achse – selbst aus dem Wald geholt hatte, ließen sich die Hügelwege ohne Mühe befahren.

Viel Milch gaben die Zugkühe nicht. Jedes Jahr warfen sie zwei Kälber. Ich las damals viele ethnologische Bücher und fand in den «Traurigen Tropen» von Claude Lévi-Strauss ein Echo auf die Welt um mich. Wir waren aus der industriellen Welt herausgefallen, durch die agrarische hindurch, zurück ins Paläolithikum, zu den Jägern und Sammlern. Wir ernteten Pilze, wilde Brombeeren, im Herbst Kastanien. Da trafen wir Gino wieder. Mit großen Säcken und dem *carro* war er im Wald bei unserem

Haus. «Die Signora hat gesagt, Gino, geh und hole die Maronen. Und hier bin ich!» Er zeigte eine Pinzette, die aus einem Kastanienast geschnitzt war. «Man macht sie über dem Feuer. Damit kann man die Kastanien aufheben, ohne sich zu stechen!» Wir trugen Handschuhe und Eimerchen. In einem geschwärzten Topf kochten wir die Kastanien über dem offenen Feuer, schälten sie und brieten sie zusammen mit geräuchertem Speck. Wenn ich das Kochfeuer richtig schürte, konnten wir das Haus verlassen, Wasser holen oder am Dach arbeiten. Kamen wir nach einer halben Stunde zurück, war der Kastanientopf gar. Die Glutreste unter der Pfanne hielten ihn warm.

Gino brachte den ausgedienten Küchenherd der Signora, eine kleine weiße *cucina economica*. Elio kam mit ihm und erzählte von den letzten *mezzadri*, die das Haus bewohnten. Die Frau hatte ihre ganze Liebe der Kaninchen- und Hühnerzucht geschenkt (denn da mußte sie die Hälfte des Ertrags nicht mit dem *padrone* teilen, sondern konnte alles für sich behalten). Der Mann verheizte ganze Baumstämme in dem großen Kamin, die er vorher mitten in der Küche zerhackte. Vor der Feuerstelle gab es keinen ganzen Ziegel im Fußboden. Tiefe Risse durchzogen das Pflaster. Unter den Axtschlägen war es deutlich tiefer gesunken. «Sie hatten keinen Ofen, keinen Küchenherd, kein Gas, keinen Strom, kein Wasser. Die Signora wollte die Ausgaben nicht. So gingen sie weg, in ein anderes *podere*, unten im Tal. Seht ihr: hier?» Er zeigte auf den dicken Balken, der die Kaminhaube trug. Er war an vielen Stellen verkohlt. Bei unserem Feuer wurde er nicht einmal warm.

«Wie haben sie gekocht? Alles auf offenem Feuer?» – «Das meiste auf der Glut. Hier, sehen Sie!» Elio zeigte auf ein Loch in dem Mäuerchen neben dem Kamin. «Hier war ein Rost. Die Kinder vom Pampalone haben ihn wohl mitgenommen. Da füllten sie die Glut hinein. Darauf wurde dann gekocht. Und sie brieten die Hühner und Kaninchen am Spieß.»

Gino versorgte uns für wenig Geld mit Wein, Eiern und Tomatenpflanzen, die Modestina aus Samen zog, die sie aus den Früchten vom letzten Jahr nahm. In der Wohnküche saß man an einem mit Wachstuch bedeckten Tisch, zwischen dem Fernseher und der Nähmaschine, die beide wegen des nicht mehr dichten Dachs mit Überwürfen aus Stoff verhüllt waren. Einmal kamen wir nach Einbruch der Dunkelheit vorbei. Gino kochte eben *polenta* in einem großen, geschwärzten Kupfertopf über dem Feuer im Kamin. Auf der *cucina* brodelte eine Pfanne mit Kaninchenragout in Tomatensoße. Brot und Wein standen auf dem Tisch. «Dazu braucht es Kraft», sagte Gino stolz, als er den Topf vom Feuer riß, gerade in dem Augenblick, als der Brei anzusetzen begann. Die *polenta* wurde auf ein großes Holzbrett gekippt und in Stücke zerteilt, dazu gab es Fleisch, *sugo* und Brot.

Gino führte das Gespräch. Als einziger schien er nicht verlegen. Modestina sagte nur gelegentlich einen Satz, um Ginos Übertreibungen etwas zurechtzurücken. Ihre schöne, bleiche, dunkelhaarige Tochter Natalina und ihr Schwiegersohn waren ganz stumm. «Wir haben alles, was wir brauchen – nur kein Geld», sagte Gino. «Wenn ich die Kälber verkaufe, dann wird etwas angeschafft. – Wirf die alte Nähmaschine weg und kauf dir eine neue, sagen sie im Fernsehen. Genauso mache ich es. Mein Schwiegersohn hat schon ein Haus, unten, bei der Eisenbahn, aber er hat es vermietet: er wohnt billiger hier, und wozu braucht er ein Haus? Er muß jeden Morgen um sechs Uhr nach Sesto Fiorentino fahren und kommt erst um acht zurück. Da braucht er nur ein großes Bett, was? Überall hier liegen Gold und Silber aus der Zeit der Römer in der Erde. Aber ich habe nie etwas gefunden. Oben, in Montesassi, soll ein goldenes Pferdchen vergraben sein. Kennt ihr den alten Brunnen dort? Einmal bin ich mit einem Strick hochgegangen und habe mich hinuntergelassen. Aber das *cavallino d'oro* habe ich nicht gefunden, nur Scherben, Steine und zerbrochene Totenschädel. Ich habe Glück bei den Frauen – schaut meine brave Modestina an –, aber kein Glück mit dem Gold. Oberhalb des Hauses von Ugo Scarpelli hat ein Bauer einmal eine Götterstatue aus Bronze gefunden. Die war sicher Millionen wert. Aber ein Florentiner ist vorbeigekommen und hat ihn gefragt: ‹Wieviel willst du dafür?› – ‹Was gibst du mir?›, hat der Bauer gesagt. Und der Signore aus der

Stadt hat ihm zehn Lire gegeben. Das war noch vor dem Krieg. So billig würde ich ein solches *idolino di bronzo* nicht hergeben. Aber ich finde keines, obwohl ich immer schaue, was der Pflug hochwirft.»

Er zerbiß die Kaninchenknochen mit seinen kräftigen, gelben Zähnen, schob die *polenta* in den Mund und schüttete den Wein nach. Als er mir zum drittenmal nachschenken wollte, hielt ich die Hand über das Glas. «Ich vertrage nicht soviel», sagte ich. Gino betrachtete mich mitleidig. «So ein junger, kräftiger Mann? Ich bin nie betrunken, aber ich trinke jeden Tag einen *fiascho* (die Korbflasche, die damals rund zwei Liter faßte)... Ich trinke und ich schlafe ein wenig, und dann pisse ich schön, und dann ist alles wieder klar.» *Faccio una bella pisciata!* Ich mußte lachen. Ginos fröhliche Laune schien mit einer unzerstörbaren Lust an seinem Körper verbunden. Modestina klagte über Rükkenschmerzen; Natalina litt an einer Überfunktion der Schilddrüse. Aber Gino war immer gesund. «Ich erkälte mich nie», sagte er und grinste, während er zwei Knöpfe seines Hemdes aufmachte. «Ich trage dieses Unterhemd, das mir Modestina aus reiner Schafwolle strickt.» Das *sottocamicia di lana* saß wie eine zweite Haut um seine behaarte Brust. «Es wärmt in der Kälte und kühlt in der Hitze. Ich trage es immer. So sind wir, arm, aber fröhlich.»

Gino glaubte, was er sagte, und glaubte es nicht. Ein Seitenblick streifte Modestina, die stumm blieb und bitter lächelte, als gehe diese Unerschütterlichkeit auf ihre Kosten. Mir gefiel, wie Gino um den Anschein kämpfte, als sei jede Last seines Lebens wie eine Feder für seine breiten Schultern; heimlich überlegte ich aber, ob nicht die zerbrechliche Modestina, die man soviel öfter in Garten und Küche arbeiten sah, die größere Last trug, wie die Frau des Galletto auch. Wer auf dem sinkenden Schiff der *mezzadria* ausharrte, war kein Kapitän, sondern ein Opfer, zu anhänglich, zu ängstlich, zu ungeschickt, sich eine besser bezahlte Arbeit zu suchen.

Als Gino Betten und Möbel abgeladen hatte, stieg er selbst in den zweirädrigen Karren. Die Zügel in einer Hand, die Peitsche in der anderen, wendete er das Gespann. Große Muskeln bewegten sich unter dem Fell der Kühe. Plötzlich stieß Gino einen lauten Schrei aus. Die Geißel schnalzte, die Zugtiere hoben die Häupter und fielen in einen schwerfälligen Trab. Unerschütterlich stand der alte *mezzadro*, ho, ho, rief er, winkte, bis der Wald die weißen Leiber und seine Stimme verschlang. Ich stand gebannt, als sei ein Held des Trojanischen Krieges auferstanden und tummle seine Rosse vor den Mauern Ilions.

Ugo und Vittorio

Meine Tochter Ina konnte seit einem halben Jahr laufen. Wegen der Dornen nahm ich sie vor dem steil abfallenden Pfad durch den Wald auf die Schultern. Es hatte geregnet. Der lehmige Boden war glitschig. Ich rutschte aus. Da ich mit den Armen das Kind auf meinem Rücken festhielt, blieb nur der Hosenboden, um meinen Sturz abzufangen. Klebrige Nässe drang bis auf die Haut. Ich fluchte und ging vorsichtig weiter. Wir wollten einkaufen fahren. Hinkend, nicht weil ich verletzt war, sondern weil ich dem pappigen Gefühl ausweichen wollte, kamen wir beim Auto an.

Serafino stand mit einem alten Mann vor dem Eingang. Er nickte uns zu, schlecht gelaunt wie immer, und verschwand im Haus. «Ich bin Ugo Scarpelli», sagte der alte Mann. «Was ist das für ein schöner Junge, mit Haaren aus Gold. Früher war das mein Hof. Sie glauben nicht, wie schön die Oliven waren. Einmal habe ich zwanzig *barili* Öl geerntet. Mein Vater hat sie gepflanzt. Diese Nußbäume sind von mir.» Er zeigte auf die großen Stämme, unter deren Laubdach mein alter Käfer stand. «Ein gutes Auto, der Volkswagen, robust. Ich habe ein deutsches Jagdgewehr, *kruppe tre anelli* (Krupp drei Ringe), leicht wie eine Feder, aber aus besserem Stahl als alle anderen.»

«Ich bin hingefallen», sagte ich. Ugo schaute sich den Schaden an, nahm ein Messer mit Horngriff aus der Tasche, klappte es auf und fing an, mir den Lehm von der Hose zu schaben. «Sie machen sie in Scarperia, diese Messer. Der Weg ist schlecht, seit sich niemand mehr darum kümmert. Wie heißt denn der Junge? Du mußt dich nicht vor dem alten Ugo fürchten. Ich habe selber zwei Enkelkinder. Ich war früher hier, in diesem Haus, dreißig Jahre lang. Dann ist mein Bruder gestorben, und ich habe seinen Besitz übernommen. Jetzt haben diese *marocchini* («Marokkaner», für Süditaliener) mein Land. Sie wollen Oliven ernten, aber die Ölbäume nicht pflegen. Es ist ein Jammer. Ich gebe ihnen das

Land, weil es sonst niemand nimmt. Wer will schon Bauer sein? Dieser Serafino bestimmt nicht. Immer neue Maschinen schafft er an und arbeitet für andere Leute.»

«Das ist ein Mädchen. Sie heißt Ina-Maria.»

«Oh, Entschuldigung. Jetzt tragen auch die Mädchen schon Hosen. *Che bella!* Willst du dem alten Ugo einen Kuß geben? Oh, wie sie sich schämt. Wie reizend! Der alte Ugo ist dir zu häßlich.»

«Wir müssen nach Vicchio zum Einkaufen. Können wir Ihnen etwas mitbringen?»

«Nein, vielen Dank. Mein Neffe Vittorio ist auch dort. Er hat ein Auto. Aber kommt doch einmal bei mir vorbei. Versucht meinen Wein.»

Wenn ich Tolkiens Beschreibung des Schlosses der Familie Brandybuck lese, an dem Generationen bauten und neue Seitengebäude anlegten, sehe ich immer die Siedlung der Scarpellis vor mir. Sie waren *agricoli*, selbständige Bauern. Ihre Hände sahen aus wie die der *mezzadri*, aber in ihrem Kopf waren sie *padroni*, schimpften wie diese über die streikenden Arbeiter und die kommunistischen Gemeinderäte, die kurz vor der Wahl ein Schwimmbad zu bauen begannen, das nachher halbfertig verfiel.

Von unserem Autostellplatz führte ein gepflegter Karrenweg, den man nur wegen der tiefeingeschnittenen Radspuren nicht auch mit dem Auto befahren konnte, zu dem Konglomerat aus Dächern, Mauern, Terrassen, Bögen und Gewölben, in dem auch Ugo Scarpelli eine Höhle bewohnte. Diesen Eindruck vermittelte seine Wohnküche, ein langer, düsterer Raum, der nur von einem kleinen Nordfenster über der Spüle Licht bekam. Die Räume dahinter blickten auf das Sievetal; sie waren hell und freundlich, wurden aber nur als Schlafzimmer genutzt. Es gab riesige Keller und finstere Ställe; Kaninchenkäfige und Schweinekoben säumten den Hof, über dem sich eine gekachelte und mit vielen Topfpflanzen geschmückte Terrasse erhob. Früher hatten fünf Familien hier gewohnt und gemeinsam die *campi* bewirtschaftet, die unterhalb des Hauses, am Nordosthang des Sievetals, lagen. Jetzt waren es nur noch drei Parteien: Ugo und seine Frau, noch rüstig, etwas größer als er und immer in Schwarz; Vittorio und seine alte Mutter; schließlich ein kräftiger Mann mit einer Frau aus Süditalien und drei blühenden Kindern, die von den Scarpellis auf Abstand gehalten wurden, ohne daß ich einen Grund erfuhr.

Bei meinem ersten Besuch gab mir Ugo einen *fiasco* mit seinem Wein. «Ich schenke ihn euch. Wenn er euch schmeckt, kauft ihr in Zukunft bei mir!» Der Wein war gut. Da ich gerne mein Italienisch übte und Ugo gerne erzählte, wurden aus dem Weinholen etwa zweimal die Woche immer ein Gespräch, ein Weg in den Stall oder in den Weinkeller, auf dem ich Ugo begleitete, oder die Einladung zu einer *merenda* (Brotzeit), bei der wir sicher an Ugos selbstgemachter *finocchiona* (dicke, mit Fenchel gewürzte Wurst) oder an seinem *prosciutto crudo* (roher Schinken) mehr verzehrten, als er jemals durch seinen Wein- und Eierverkauf einnehmen konnte. Ich schenkte ihm im nächsten Frühjahr eine Gartenschere. Ugo versäumte keine Gelegenheit, diese Schere zu loben, verbunden mit Komplimenten an die Deutschen und bitteren Äußerungen über die *disgraziati italiani* (unglückselige Italiener), die von allen guten Geistern verlassen seien.

Er war damals schon weit über sechzig, ein hageres Männlein mit einer Hakennase und großen, von Schwielen bedeckten Händen. In allen Arbeiten, die keine körperliche Anstrengung verlangten, war er noch sehr geschickt. Aber zu seinem Kummer konnte er nicht mehr pflügen und ernten. Seine chronische Bronchitis zwang ihn zu großer Vorsicht. Wenn er auf die Jagd ging, mußte er Wege meiden, die zu steil waren. Die unvermeidliche Zigarette im Mundwinkel, hustete er vorsichtig und sagte: «Ich bin ein Tölpel. Ich höre nicht auf zu rauchen, obwohl es der Arzt verboten hat. Du lebst nicht mehr lange, wenn du rauchst, Ugo, hat er gesagt. Aber ich halte es schon eine ganze Weile so aus. Man schleppt sich so weiter, *si tira avanti così.*»

Ich habe Ugo sehr geliebt, seine Höflichkeit, seine Ironie, sein tiefes Gefühl für Würde und seine Trauer um die Lebensform, die mit ihm dahinging. Es tat mir leid, daß ihm soviel von mir dunkel blieb. Unter einem Schriftsteller konnte er sich so wenig vorstellen wie unter einem Psychoanalytiker. An meinem Leben und meiner Geschichte beeindruckte ihn vor allem eine Einzelheit, die er oft nachdenklich wiederholte: der Tod meines Vaters im Krieg und sein militärischer Rang als Oberleutnant und Kompanieführer.

Ugos Neffe Vittorio lebte, mit seinen fünfzig Jahren noch unverheiratet, bei seiner Mutter. Während Ugos Frau auf die *campi* ging, die Weinreben hochband oder die Kartoffeln hackte, mußte Vittorio alles alleine machen. Seine Mutter war schonungsbedürftig und kränklich. Ich hatte den Eindruck, daß sie diese Rolle spielte, um eine *Signora* zu sein, die der Bäuerin nebenan überlegen ist. Vittorio hatte Ugos schmalen Körper und seine großen Hände. Er trug seinen blauen Overall wie einen Konfirmandenanzug. Sein Gesicht war flach, zu einer Maske von vornehmem Ernst geordnet, der zur süßlichen Miene seiner Mutter paßte. Wenn er mit mir sprach, benutzte er immer den Infinitiv – wie es deutsche Vorarbeiter mit Türken oder Jugoslawen tun: Du das wegräumen und dann Brotzeit holen gehen. Das verdroß mich.

Neben Ugos Herzlichkeit wirkte Vittorio ausgesucht höflich, reserviert, er sprach mich an wie einen der Wehrmachtsoffiziere, die er im Krieg kennengelernt hatte.

Der Clan der Salernitaner, die Ugos altes Haus gemietet hatten, wollte Vittorio eine Frau aus dem Süden besorgen. Aber Vittorio biß nicht an. Er schien mir einer der Männer, die zum erstenmal mit einer Frau schlafen, wenn ihre Mutter ein Jahr tot ist. «Er nimmt keine, die ihn will, und ihn nimmt keine, die er will», sagte Ugo einmal.

Zu seinem großen Kummer hatte er keinen Sohn, sondern nur eine einzige Tochter. Sie war mit einem Spengler verheiratet, der im Dorf lebte und nicht bereit war, sein Handwerk aufzugeben, um Bauer zu sein. Ugos Tochter, eine freundliche Frau mit grauen Augen und dunklem Haar, besuchte oft die Eltern und half der Mutter. Wenn ihr Mann kam, mißmutig und abgehetzt, zog ich es in der Regel vor zu gehen. Im Hintergrund war ein zähes Ringen. Die Tochter und vor allem der Schwiegersohn waren dafür, daß sich die Alten eine bequeme Wohnung im Dorf nähmen und das Land verpachteten. Ugo hingegen wollte, daß die Tochter mit ihrer Familie zu ihnen ziehe.

Zwischen Gemüsegarten und Scheune hatte Ugo ein Gehege aus Maschendraht und Brettern gebaut, das Heim einer weißen Jagdhündin mit schwarzen Ohren und schwarzem Schwanz. Andere Jäger schickten ihre Hunde während der Schonzeit mit Fußtritten zum Betteln. Ugo nicht. Wenn sie ihn sah, bellte sie und wedelte freudig mit dem Schweif. «Ist sie nicht schön?» sagte er. «Sie haben mir schon hundertfünfzigtausend geboten. Aber ich gebe sie nicht her. Die Welpen, die können sie haben, ganz bestimmt. Aber nicht die Hündin.» Ugo war ein leidenschaftlicher Jäger mit ordentlichen Papieren, die er immer noch jedes Jahr erneuern ließ. «Aber ich gehe nur noch, um der *cagna* (Hündin) einen Gefallen zu tun. Es gibt zu viele Jäger, zu viele elende Jäger, die auf alles schießen, was kriecht und fliegt. Neulich bin ich einem an der Sieve begegnet. Eine ganze Schachtel Munition hatte er verschossen und zwei Spatzen getroffen. ‹Warum machst du das?›, habe ich ihn gefragt. ‹Weil es ein Sport ist›, hat er gesagt. Schöner Sport! Wenn ich durch den Wald gehe, huste ich immer, damit sie mich nicht für einen Hasen halten. Wissen Sie, was ein Igel ist? Wegen der Schlangen haben sie drüben im Gebirge ein paar hundert Igel ausgesetzt. Das waren niedliche Tiere. Aber diese *disgraziati* (wörtl. ‹gnadenlos› – elend, verdammt) haben sie alle erschossen. Meinem Freund haben sie den Hund getötet, in der Ebene, in einem Maisfeld. Früher war das anders. Ich ging tagelang durch den Wald und traf niemanden sonst, der ein Gewehr trug. Damals gab es Wild, Hasen, Rehe und Fasane. Heute fahren sie mit ihren Autos überallhin und schießen auf alles, was sich bewegt, sogar auf Eidechsen. Bei Pontedera haben sich zwei gegenseitig angeschossen, weil sie sich nicht einigen konnten, wer von ihnen den Fasan getroffen hatte.»

«In der Zeitung habe ich neulich eine Überschrift gesehen», setzte ich hinzu: «Sechs Jäger schießen auf einen Fasan und treffen den Grundbesitzer!»

«Genauso ist es. Das haben Sie schön gesagt. In Deutschland ist es sicher besser als bei uns *disgraziati*. Jedenfalls sind die deutschen Gewehre besser. Ich würde das meine gegen kein italienisches tauschen.» Er brachte es aus dem Schlafzimmer und hielt es unter die geblümte Neonlampe, auf der sich einige schwarze Fliegen ausruhten. Es war eine gut gepflegte, in Nußbaum geschäftete Doppelflinte. Ugo zeigte mir die Gravur: drei Ringe, Krupp – Essen.

«Aber ich bin alt. Zu alt. Früher war ich ein Mann, der den Frauen gefiel. Ich habe das Erdbeben in Vicchio gesehen, im Jahr 1919. Da war ich gerade auf dem Weg ins Dorf, bei San Pier Maggiore, wo die Kirche steht. Auf einmal zitterte die Erde. Wo das Dorf gestanden hatte mit seinen Mauern und Türmen, erhob sich eine große Staubwolke, die alles verhüllte. Hunde bellten, Kühe schrien in den Ställen. Ich lief wie der Blitz zurück hierher, um zu sehen, ob noch alles stand. Es war nichts passiert, keine Mauer geborsten. Die Zerstörungen gab es nur unten in der Ebene. Viele haben nachher noch ihre Häuser eingerissen, als herauskam, daß es Geld vom Staat gab, um sie wieder aufzubauen.»

Dieser Erdbebenhilfe verdanken wir, daß unser Haus relativ neu ist. Es wurde damals wieder aufgebaut, mit Eisenklammern, welche die Balken im Mauerwerk halten sollten, und durchgehenden Zementbindern. Heute wachsen die «erdbebensicheren» Stahlbetonkonstruktionen in der Ebene. Zuerst entsteht eine gitterförmige Betonkonstruktion. Später, wenn das Dach fertig ist, wird sie mit Mauerwerk gefüllt.

Nur selten ging meine Frau allein zu den Scarpellis, um die Wein-*fiaschi* nachfüllen zu lassen. Wenn er sich von mir, seiner Frau oder Tochter unbeobachtet fühlte, faßte ihr Ugo an den Busen und flüsterte: «Sie sind so schön!» Einmal setzte er entschuldigend hinzu: *«A me… non mi si rizza più.»* Das heißt: Mir steht er nicht mehr.

Ugo und Vittorio sind beide tot. Vittorio starb als erster. Für Ugo war es ein schwerer Schlag. Vittorio hatte für ihn mit dem Kettentraktor gepflügt, sie hatten den Wein zusammen gekeltert. Und jetzt war der «junge Mann» tot («*giovanotto*», hatte Ugo gesagt), der letzte Erbe, denn die Enkel Ugos sollten studieren. Einen Winter später starb Ugo dem Neffen nach.

Mehr als alle anderen toskanischen Bauern, die ich kennengelernt habe, hat mir der alte Scarpelli die Liebe zu diesem Land verkörpert. Vielleicht fand ich in ihm Teile meines Großvaters wieder, der auch bis kurz vor seinem Tod ein kleines Gütchen in Niederbayern versorgte. Die *mezzadri* zogen den Arbeitsplatz in der Industrie einer Halbpacht auf Äckern vor, deren Ernte sie mit dem *padrone* teilen mußten. Die *padroni* investierten ihr Kapital anderswo. Die kleinen selbständigen Bauern spürten die Wunden am deutlichsten, welche ihnen die Industrialisierung zufügte. Sie raubte ihnen, was sie geduldig und mühevoll für ihre eigenen Eltern gewesen waren. Es gab keine Kinder mehr, die den Faden weiterspannen. Wo sie Bäume gepflanzt und Reben an den Stamm des Bergahorns gebunden hatten, würden es nach ihnen kein Sohn und kein Enkel tun.

Valentino

Wie Ameisen oder Ratten lieber den durch ihren Geruch markierten Weg gehen als einen neuen, so blieben wir lange Zeit an die alte Karrenstraße gebunden, die von Montesassi zu dem Haus führte. Sie war inzwischen von Baumheide und Zistrosen zugewuchert, Brombeerranken streckten ihre Tentakel über den schmalen Pfad. An einer felsigen Stelle verriet ein tief in den Sandstein eingeschnittenes Geleise, daß viele Jahrhunderte lang eisenbeschlagene Räder hier entlangrollten, von weißen Kühen mit schwarzen Hörnern gezogen, den *vacche*, Zugkühen, die wir von den *mucche*, den Milchkühen, unterscheiden lernten.

An einem dunklen Frühlingsabend im Jahr 1967, ein Jahr, nachdem wir das Haus gekauft und das Dach für den Winter repariert hatten, hörten wir plötzlich Stimmen. Ich erschrak. Um diese Zeit kommt nie ein Mensch vorbei. Es war zu spät, um Pilze zu suchen oder zu jagen. Ich dachte an das Gewehr, das oben im Schlafzimmer hing, machte dann doch die Tür auf. Es waren zwei freundlich lächelnde Frauen, vor denen – ihnen kaum bis zur Brust reichend – ein gedrungener, kahlköpfiger Mann stand, der einen mit einem Pfropfen aus Zeitungspapier verschlossenen *fiasco* in die Höhe hielt. «Wir kommen von der anderen Seite des Hügels», sagte der Mann. «Ihr könnt euer Auto bei uns lassen. Es ist viel näher als drunten bei der Villa Poggiolo, nur fünf Minuten zu Fuß. Vielleicht wissen sie das nicht, habe ich zu Margherita gesagt.» Er zeigte auf die ältere der beiden Frauen. Rundlich, mit lockigen schwarzen Haaren, in denen sich erste graue Strähnen zeigten, wirkte sie in ihrer dunklen Schürze neben ihm wie eine Riesin. Sie lachte uns an und sagte nichts. «Sie hat Angst vor den Fremden», meinte die zweite Frau. Sie trug ein schwarzes Kleid, eine schwarze Brille, war jünger, hatte ein sehr weißes Gesicht und das Selbstvertrauen jener, die allen Menschen nur wohlwollen. «‹Und wenn sie auf uns schießen?› hat Margherita gefragt», mischte sich wieder der kleine Mann ein. «Da habe ich gesagt, wir haben Bohnen gegessen, und wir werden schon zurückschießen!» Er lachte über seinen Witz. Margherita lachte mit ihm, während die jüngere Frau mit spitzem Mund lächelte, wie um zu sagen: Sie wissen es nicht besser, sie sind eben vulgär, wir wollen ihnen keinen Vorwurf machen. «Aber Vater», sagte sie dann leise. «Ach was», erwiderte er. «Wenn diese Deutschen da allein mitten im Wald leben, dann verstehen sie auch einen Spaß. Sie sind wie wir!»

Wir luden sie in die Küche ein und legten frisches Holz auf das Kaminfeuer. Der Wein war purpurrot und schmeckte herb, *genuino*, Valentino hatte ihn selbst gemacht. So nannte sich der kleine Mann – Maratea Valentino, den «Nachnamen», stellt man hierzulande vor den Namen. An diesem Abend gewann ich einen ersten Eindruck von den unterirdischen Strömungen in Italien, die den Süden mit dem Norden verbinden. Valentino, seine Frau Margherita und ihre Schwiegertochter Maria waren Fremde wie wir, von den Toskanern herablassend behandelt. Vielleicht lag es daran, daß sie nicht wie diese distanziert und höflich zusahen, wie wir einen Weg gewählt hatten, der uns den dreifachen Fußmarsch abverlangte, der nötig gewesen wäre. «*Siamo di Battipaglia* (Wir kommen aus Battipaglia)», sagte Valentino, als müßte jeder sein Heimatdorf kennen. «*Provincia di Salerno*», setzte er dann hinzu. Salerno, südlich von Neapel – warum kamen sie aus diesem gesegneten Land, verließen den blauen Golf, die Agrumenhaine für die Toscana, für ein *podere*, das den Ortsansässigen nicht mehr gut genug war?

Valentino war, wie er stolz sagte, *coltivatore diretto*, kein *mezzadro*. Er zahlte die Pacht bar – eine lächerliche Summe, 80000 Lire pro Jahr, damals etwa 500 Mark. Auch im Süden war er Bauer gewesen, sogar auf eigenen Feldern. Aber er mußte zwei Stunden gehen, um dort hinzukommen. Erbteilungen hatten das Land immer kleiner gemacht. Es sei kein gutes *podere* hier, sagte er – viel zu hügelig. Die Oliven in der Toscana seien kümmerliche, kränkelnde Pflanzen, verglichen mit den Ölbäumen seiner Heimat, groß wie Eichen, längst nicht so pflege bedürftig wie die hiesigen. «Was willst du mehr, Valentino», sagte Margherita. «Wir essen, wir trinken, es geht uns gut.»

Sie hatte ihre Scheu abgelegt. Margherita war leidenschaftlich in ihre drei Söhne verliebt. Consilio, der Älteste, arbeitete bei den Scarpellis. Er war mit der weißhäutigen Maria verheiratet, deren spitze Nase und zimperliche Art zu Margheritas großem braunen Gesicht und ihrer lauten Stimme kontrastierten. Er war ein breitschultriger Mann, nicht größer als sein Vater, aber achtzig Kilo schwer. «Wenn ein Mann arbeitet, muß er essen», sagte Maria und mästete ihn. Als Consilio und ich das erste Mal zusammenstanden, kamen wir auf unser Alter zu sprechen. «Ich bin 1941 geboren», sagte ich. Da streckte er mir die Hand hin. *«Siamo della medesima classe»* (Wir sind derselbe Jahrgang), sagte er. Es war, als sei ein Bund beschworen. Er war ebenfalls 1941 geboren, hatte aber 1967 schon einen dreijährigen Sohn, Beppino; jetzt war seine Frau wieder schwanger.

Margheritas zweiter Sohn war weit fort, in Varese, wo er in einer Schuhfabrik arbeitete. Pasquale galt als der Beweglichste, Unternehmungslustigste der Familie. Margherita sprach oft von ihm. Er wollte, daß die Familie nach Varese nachkäme und suchte einen passenden Hof. Sollte Margherita von Consilio und dem geliebten Enkel weg und noch weiter in den Norden, bis an die Grenze zur Schweiz? Valentino war dafür, und Maria pflichtete ihm bei: Ein Mann, der allein lebt, gibt zuviel Geld aus. Pasquale war auch Domenicos Vorbild. Der Jüngste, ein schmales Bürschchen von vielleicht achtzehn Jahren, arbeitete auf dem Hof. Valentino hatte Schwierigkeiten mit ihm, weil er nur dann etwas tun wollte, wenn er einen Motor bedienen konnte. Mit dem Moped ins Dorf oder mit der *falciatrice* über eigene und fremde Felder fahren war nach seinem Geschmack. Die *falciatrice* war Valentinos ganzer Stolz, eine Mähmaschine mit einem dröhnenden Petroleummotor und einem eisernen Sattel, auf dem Domenico saß wie am Steuer eines Rennwagens und die beiden Handgriffe bediente, mit denen er das Ding lenkte, indem er auf der Kurveninnenseite bremste. Margherita nahm ihren Jüngsten mit liebevollen Scheltworten in Schutz. «Er ist verrückt. Er ist noch ein halbes Kind. Er will zu Pasquale nach Varese gehen. Pasquale hat ein Auto und ein Motorrad. Aber er ist noch zu jung, ich lasse ihn nicht weg. Er will kein Bauer sein, und er hat recht. Was hat man schon davon als Mühe, soviel Mühe.»

Die *falciatrice* paßte nicht auf den Hof. Er war nicht auf so teure Geräte eingestellt. Daher mußte Domenico auch auswärts mähen, bei verschiedenen Bauern, die keine solche Maschine hatten. Die Salernitaner hatten das *podere* übernommen, wie es war, obwohl sie in ihrer Heimat ganz anders wirtschafteten. Margherita machte ihren eigenen Käse, einen sehr salzigen *caciotta* in den Formen der *pecorino*-Laibe. Sie hielt Hühner, ein paar Schweine, es gab die beiden Zugkühe und eine *mucca* für die Milch, einen großen, bewässerten Garten, Weizen- und Maisfelder unter den *filari* (Reihen) der Weinreben, Hafer unter den Oliven. Es war zuviel Arbeit für die beiden alten Leute. Ihre Söhne wollten und sollten ihnen nicht helfen. Valentino klagte nie. *«L'uomo dev' essere corte, ma forte»**, sagte er einmal und schlug mit der Faust auf den Tisch, daß die Teller und Gläser tanzten. «Ich wäre stärker als du», schrie dann Margherita, «wenn ich diese Rückenschmerzen nicht hätte. Ach, als ob ich zerbrechen würde. Ich muß den Garten nur ansehen, und schon tut mir der Rücken weh!»

Valentino legte Wert darauf, daß wir für Wein, Käse und Eier nicht immer gleich zahlten, sondern einmal im Monat abrechneten – da kamen höhere Beträge zusammen. Er war es auch, der die Ei-Verstecke im Wald fand, in die sich seine halbwilden Hühner zum Brüten zurückziehen wollten. Manchmal tauchte eine, die man schon als Opfer der Füchse gesehen hatte, stolz gluckend mit einer kleinen Schar rebhuhnfarbiger Küken wieder auf. Die meisten Nester leerte Valentino rechtzeitig. Er sagte, wenn die Eier schon bebrütet seien, müßten wir es nur sagen, er sorge für Ersatz. Wenn Margherita buk, kauften wir auch ein Brot. Sie warf mit ihren dicken Armen ein Bündel Reisig nach dem anderen in den Backofen, der geschützt unter dem Wind-

* «Ein Mann darf klein sein, aber stark.»

fang neben der Haustür lag. «Wenn der Ruß am Rand des Gewölbes weiß wird, dann ist es Zeit», sagte sie. Die zwanzig Laibe wurden hineingeschoben, der Blechdeckel aufgesetzt, *pizza* und *schiacciata* vorbereitet. So war es bei Valentino meist altbackenes Brot, das die beiden in ihren morgendlichen Milchkaffee und in den *sugo* der *maccharoni* tauchten. An heißen Sommertagen gab es oft nur eine große Schüssel Tomatensalat mit Olivenöl, das mit viel Brot aufgewischt wurde.

Valentino bemerkte, daß ich mich für seine Wirtschaft interessierte. Er nahm mich mit, wenn er die Trauben in dem großen, nach unten weiteren Faß stampfte, das in unserer Gegend als Kelter dient: dem *tino*. In der *cantina* wurde alles vom Geruch der zerquetschten Trauben beherrscht, über denen Myriaden winziger Fliegen sangen. «Man muß achtgeben», sagte Valentino, «in Battipaglia sind einmal Vater und Sohn in einem *tino* ertrunken. Der Vater ist hineingestiegen, um den Sohn herauszuziehen. Ich steige nicht hinein, sondern mache es mit dem *mestolo*.» Er zeigte auf einen tiefrot gefärbten Stößel aus dem Stamm einer jungen Kastanie.

Auch in unserer *cantina* stand ein *tino*, von Würmern zerfressen, das ich schließlich zerlegte, indem ich die eisernen Reifen nach obenhin abschlug. Aus dem Boden machte ich meinen Schreibtisch: faustdicke Kastanienbohlen, mit Dübeln verbunden, in allen Rissen und Spalten purpurrot von vielen Jahrgängen *vino rosso*. Vicchio liegt am Rand des Chianti-«*col-putto*»-Gebietes.

Wie jeder Bauer, den ich beim Weinmachen sah, versicherte auch Valentino, sein Wein sei einfach, aber *genuino*, wirklich aus Trauben gemacht, ohne *medicine*. Er bleibe drei Tage im *tino* und komme dann in die Fässer, deren Ritzen mit Zement verschmiert würden, damit keine Luft die Gärung störe. «Bei der Olivenernte stehe ich immer dabei, wenn meine Oliven ausgepreßt werden. Der Müller wollte mir zuerst einfach ein halbes Kilo Öl für ein Kilo Oliven geben. Aber weiß ich, welche *porcherie* er da hineintut? Nein, ich wollte es selbst sehen, und es war ein wunderbares Öl, grün und sanft, achtzig Kilo. Leider war es im nächsten Jahr schon viel weniger, sonst hättet ihr etwas haben können. Aber es reicht nicht einmal für uns!»

«Das ist das schönste an diesem Platz», sagte er ein andermal und zeigte auf den Hang, an dem die Oliven wuchsen, umsäumt von dem dichten Maronenwald, «daß es soviel Wasser gibt, Wasser im Überfluß, genug für den Garten, für das Vieh. Wir haben Wasser im Haus. Es ist ganz in Ordnung. Aber zum Trinken hole ich es von der Quelle dort unten, klar und süß, wie Zucker.»

Valentino sparte, wo er konnte; sein einziges Laster waren die billigen schwarzen Zigaretten, *nazionali senza filtro*. Er rasierte sich selbst, einmal jede Woche, vom Scheitel bis zum Kinn, so daß es unmöglich war festzustellen, wie viele Haare er noch auf seinem Kopf hatte. «Es ist besser in der Hitze», sagte er und strich sich über den kahlen Schädel. «Hört nur», rief Margherita, «aber das sagt er, weil er nicht mehr viel zu verlieren hat.» Im Herbst war er der erste, der seine Nüsse erntete und sorgfältig mit den bloßen Händen aus der grünen Schale holte. «Schaut», sagte er und zeigte die pechschwarzen Finger, «mit Seife geht das nicht weg. Aber in ein paar Wochen machen wir das *concentrato* (*di pomodoro*: das Tomatenmark), dann reinigt die Säure in den Tomaten die Hände wieder.» Wir nahmen ihn in dem alten VW-Käfer mit, als er die Nüsse zum Markt bringen wollte – «so früh bekomme ich noch einen besseren Preis als eine Woche später!». Mit Hut und dem weißen Hemd über den schwarzen Händen schaute er mehr denn je wie ein Gnom aus.

Noch mehr als Ugo erinnerte mich der Salernitaner an meinen Großvater, den Deindorfer Gütler, nicht nur, weil beide gedrungen und kräftig waren. Auch ihr Platz im Haushalt war ähnlich. Valentino mischte sich in nichts ein, was in den Wohnräumen geschah. Die Kinder, die Enkel, die Schwägerin – dafür war Margherita zuständig wie für Brot und Kaffee, für Essen und Wäsche. Er ging auf den Markt, um zu hören, was Getreide und Vieh kosteten, sonst war er mit den Tieren im Stall oder auf dem Acker, ein Kämpfer, der dem Boden und den Tieren abrang, was zum Leben notwendig war, der zu ihnen gehörte wie sie zu ihm.

Auf dem mit rohen Platten belegten Platz vor dem Haus hat Valentino seine Zimmereiwerkstatt aufgebaut: Axt, *pennato* (das krumme Haumesser, von dem es viele verschiedene Formen gibt) und einen großen Bohrer mit einem Griff für beide Fäuste. Er packt ihn wie ein Straßenarbeiter den Schlüssel zu einem Hydranten. Ein neuer Schlitten für die *vacche* war in Arbeit. Der alte ist vom vielen Gebrauch dünn geschliffen und wird bald brechen. Schweißnaß, das blaue Kinderhemdchen (denn Valentino trägt die abgelegten T-Shirts seiner Söhne auf) bis zum Platzen um den Oberkörper gespannt, den Strohhut mit der zerfressenen Krempe im Nacken, läßt er nicht locker, bis die mehr als daumengroßen Löcher in den zähen Robinienstämmen genau an den Stellen sitzen, wo sie hingehören. An dem ganzen Schlitten ist nur ein Stück Metall, eine lange Schraube, die den einen Kufenstamm mit dem anderen, längeren vereinigt, der zugleich als Deichsel dient. Die Löcher in den Kufen sollen senkrechte Prügel aufnehmen, die Valentino mit dem *pennato* bereits roh zugehauen hat. An den vier Enden der Trageplattform angebracht, hindern sie Gras, Heu oder die Maispflanzen daran, vom Schlitten zu rutschen.

Ich sehe Valentino und Margherita an den langen Herbstabenden im Freien auf ihrer Tenne aus roh behauenen, vom Alter geglätteten Sandsteinplatten sitzen. Sie flechten trockene Zwiebeln und Knoblauchknollen zu langen Zöpfen, schälen Maiskolben und hängen sie, lange, goldene Girlanden, in den Windfang. Er ist hier nicht gewölbt, sondern wird von einem dicken Eichenbalken getragen, der links und rechts tief in die Sandsteinmauer eingelassen ist.

Im Juni fuhren wir nach Hause. Meine Frau war hochschwanger; das Kind sollte in Deutschland zur Welt kommen. Im August kamen wir mit einer sechs Wochen alten Tochter spätabends bei Valentino und Margherita an, das Dach des Käfers hochbeladen mit alten Möbeln. Seine Majestät, das Kind! Margherita erklärte uns, wir könnten unmöglich in der Dunkelheit in das Haus gehen, das zehn Wochen verlassen gewesen war. Eher würde sie uns umbringen, als uns gehen zu lassen. Valentino nickte und versicherte, es sei ganz einfach, wir würden bei ihnen schlafen, sie hätten viele Zimmer und Betten, wenn einmal Consilio und Maria über Nacht blieben. Dann schliefen wir im Ehebett der beiden. Sie zogen sich in eine Rumpelkammer zurück, wo sie auf zwei alten Matratzen nächtigten.

Es roch nach Mottenkugeln und war drückend heiß. Das Baby hatte tagsüber, vom ständigen Schaukeln eingelullt, fast nur geschlafen. Jetzt wurde es munter, fing an zu schreien, bekam die Brust und schrie weiter. Ich war zwölf Stunden gefahren (damals gab es noch keine Autobahn außer dem Stück zwischen Bologna und Florenz) und todmüde. Am nächsten Morgen galt alles Mitleid der armen Kleinen, *poverina, il lungo viaggio* (die lange Reise). Wir saßen in der Küche, tranken Malzkaffee mit warmer Milch und erwachten allmählich aus unserem Alptraum. Margherita brachte ein verspätetes Hochzeitsgeschenk: einen kleinen Wagen aus falschem Holz mit zwei Streuern für Salz und Pfeffer aus falschem Silber. «Ist das nicht niedlich? Sauberes Plastik. *Auguri* (Glückwünsche). Ich hoffe, ihr könnt es gebrauchen. Ich habe gesehen, daß ihr noch nichts auf dem Tisch hattet!» Die Freude über Margheritas Aufmerksamkeit war ungeheuchelt, obwohl wir in Verlegenheit gerieten, bei allfälligen Besuchen der Marateas dieses Hochzeitsgeschenk auf den Tisch zu stellen.

Valentino und Domenico erboten sich, die Möbel mit Hilfe der *falciatrice* (Mähmaschine) über den Berg zu schaffen. Sie wurden auf dem Mähbalken festgebunden, der Motor zündete und puffte los, mit einem Ruck ging's den steilen Hang hoch, in den Wald, während Valentino mit dem *pennato* vorauslief und Äste abhackte, die den Weg versperrten. Die Maschine diktierte das Tempo, außer Atem standen wir vor dem Haus und luden ab. Dann verschwanden Domenico und Valentino wieder im Wald. Man hörte noch das Knattern des Petroleummotors; endlich verging es im Schrillen der Zikaden und im Zirpen der Heuschrecken. Wir nahmen das Haus wieder in Besitz. Ina schlief friedlich in ihrer Tragetasche unterm Nußbaum. Ich säuberte die Quelle von den Blättern, die hineingefallen waren, und schöpfte vorsichtig zwei Eimer voll – die Tagesmenge zum Waschen und Kochen.

Margherita kam zu Besuch, sah das Baby mitten in der Wiese, war entsetzt. Ein Säugling im Freien! Das ist doch viel zu gefährlich! Die Schlangen kommen, denn sie riechen die Milch, die aus dem Mund fließt. Kinder trug man am besten immer mit sich. Auch im Bett waren sie allein nicht sicher. Einer unglücklichen Mutter in Battipaglia, die ihren Säugling allein gelassen hatte, ohne die Tür abzuschließen, war etwas Schreckliches zugestoßen. Die *scrofa*, ein Mutterschwein, das draußen in den Abfällen wühlte, war die Treppe hochgekommen und hatte den Säugling aufgefressen. Er war verschwunden, nur ein wenig Blut auf dem Boden...

Noch ein Andenken behielten wir an diese unruhige Nacht im Ehebett der Familie Maratea: einen Floh, der seine Stiche sauber in einem kleinen Kreis setzte. Wir fingen ihn nie, aber er verschwand irgendwann, als wir alle Kleider auszogen und in den Waschzuber tauchten, der an der Quelle stand. Im nächsten Jahr übernachteten wir in Modena, um Margheritas Bewirtung zu entgehen. «Jetzt reisen schon die Wickelkinder», sagte der Hausdiener im Aufzug des Hotels. «Früher reisten wir erst, wenn wir den Militärdienst machten!»

Der deutsche Bauer wird den Fremden mißtrauisch betrachten und dem Nachbarn, der vorbeikommt, ein Glas Bier anbieten, wenn er selbst gerade eines trinkt. An den Küsten des Mittelmeers ist auch das anders und für den ersten Eindruck heller, wärmer: der Wanderer, der an einem *podere* vorbeikommt, wird zu einem Glas Wein eingeladen, er kann so fremd sein, wie es der Zufall will. Anfangs nahm ich solche Einladungen immer an und wunderte mich über die italienischen Städter, die solche Gastlichkeit mit Floskeln wie *«mai fuori delle paste»* (niemals außerhalb der Mahlzeiten) oder gar höflich erfundenen Verdauungs- und Leberschäden abwehrten. Allmählich erkannte ich, daß solche Absagen einen größeren Respekt vor dem Unterschied zwischen Bürger und Bauer ausdrücken als mein naives Entgegenkommen, das doch ohne Gegenseitigkeit blieb, denn mir wäre es nicht eingefallen, jedem Pilzsucher und Jäger ein Glas einzuschenken. Meine Welt blieb Valentino verschlossen; seine lag scheinbar offen vor mir. Manchmal versuchte ich etwas über meine Arbeit zu erzählen. Ich wußte nicht genau, welche Vorstellung ich damit in den Köpfen von Valentino und Margherita erzeugte. Es schien mir die von einem Mann zu sein, der mit einem Kleinlastwagen über die deutschen Wochenmärkte zieht und dort seine Bücher verkauft. So blieben die Familie, die Landwirtschaft und der Krieg. Der *tedescho* (Deutsche) hatte nur einen Bruder, sein Vater war in Rußland gefallen. Am liebsten ging ich mit Valentino über die Äcker und durch die Ställe. Eine *mucca* (Kuh) hatte geworfen. War es eine schwere Geburt? «Nein, ganz leicht», sagte er. «Aber wenn das Kalb nicht kommt, brauche ich keinen Tierarzt. Man muß da nur hineinlangen» – er zeigte auf das Hinterteil der Kuh, die an einigen Maisstengeln kaute, und hob einen Strick hoch, der wie blankpoliert aussah – «so tief» – er zeigte auf seine Schulter und streckte den Arm von sich – «*e un'pò allargare la natura* (und den natürlichen Weg etwas weiter machen). Dann bindet man den Strick um das Kalb und zieht es heraus.»

Consilio und Maria

Consilios größter Stolz war der grasgrüne *Cinquecento*, der auf leichten Rädern über die Staubstraßen fuhr, an deren Steigungen sich große Limousinen leicht in einem Hagel aus Kieseln festfressen. Die Familie Maratea hatte (im Zusammenspiel mit anderen Verwandten aus Battipaglia) ihre Söhne als Vortrupp nach Norden gesandt. Der älteste, dem Beruf des Bauern noch nahe, fand eine Stelle in der Toscana. Der zweite Sohn ging weiter fort, in eine Schuhfabrik bei Varese. Der dritte blieb bei Vater und Mutter, die den ausgeworfenen Ankern nachfolgten, erst in die Toscana, dann in die Lombardei.

Auch die Frauen der *bass'Italia* (Unteritalien) machten ihre Pläne. An dem Abend, als Valentino und Margherita bei uns auftauchten, hatte Maria viel von Vittorio Scarpelli erzählt. Neben Ugo war er der einzige Erbe des großen Besitzes. Er war schon weit über vierzig und immer noch nicht verheiratet. Maria und Margherita gingen alle mannbaren Frauen in Battipaglia durch. Welche würde zu Vittorio passen? Seine Mutter hatte ihn sehr verwöhnt, den einzigen Sohn. Aber Maria hatte eine *cugina* (Base), die wäre geeignet. Sie war eine gute Köchin, *una buona casalinga*, aber sie packte auch auf dem Feld an, wenn es not tat. Und sie war gelernte Schneiderin – was man da spart, wenn die Frau Kleider für sich nähen kann und mal ein Hemd oder eine Hose für den Mann! Wie meist, wenn überlegt wird, was gut wäre für andere, lag die Hauptschwierigkeit nicht im Mangel an Einfällen, sondern in der Praxis. Valentino schied als Brautwerber aus, der war zu so etwas nicht zu gebrauchen. Aber der sanfte, gutwillige Consilio, den die Scarpellis so schätzten? Der wie ein Gott mit dem Traktor umging – Vittorios Augapfel, den dieser sonst niemanden fahren ließ? Consilio mußte den Mittler spielen, von Mann zu Mann Vittorio überzeugen. Maria hätte es dann schon übernommen, die *cugina* herbeizuschaffen.

Wie weit dieses Projekt geführt wurde, weiß ich nicht. Zu einer glücklichen Allianz zwischen den Provinzen von Florenz und Salerno führte es nicht. Vittorio blieb *scapolo* (Junggeselle). Später ist er beim Futterschneiden im Winter verunglückt. Er trat fehl, als er die Häckselmaschine füttern wollte. Seine Mutter, die immer noch die Trauerkleidung um ihren Mann nicht abgelegt hatte, mußte ihren Sohn mit keiner anderen Frau teilen. Wortkarg und mager nahm sich Vittorio neben Consilio aus wie Don Quijote neben Sancho Pansa. Der älteste Sohn Valentinos war trotz seiner Masse beweglich, mit einem ausdrucksvollen Gesicht, in dem die dunklen Augen und die langen Wimpern fast mädchenhaft wirkten. Nur die Statur hatte er vom Vater; seine Gutherzigkeit war sanfter als die Margheritas. Er aß gerne, kochte gerne und kümmerte sich nicht um die Ärzte, die zum Abnehmen rieten. Als ich bemerkte, wie er an einer Steigung keuchte, ging ich langsamer und fragte, ob es ihm nicht gutgehe. «Es ist nicht das Gewicht», sagte er, «es ist die Bronchitis. Ich rauche zuviel. Aber ich rauche, seit ich zwölf Jahre alt bin. Ich habe es von meinem Vater gelernt, er ist vierundsechzig und raucht immer noch.»

Valentino war sehr stolz auf Consilio. «Er kann zwei Zentner tragen, ohne in die Knie zu gehen. Und alle Maschinen machen genau das, was er will. Nie geht ihm eine kaputt. Auch mit den Kindern hat er es gemacht wie ich. Nur drei, sage ich immer, und immer ein paar Jahre Abstand. Wenn du nicht achtgibst, *ti poppano il sangue* (saugen sie dir das Blut aus). Das muß der Mann machen, dafür muß er sorgen. Er muß sich rechtzeitig zurückziehen; ich habe das immer getan. Die Männer, die ihrer Frau einen Stall voller Kinder machen und dann nicht für sie sorgen können, die haben wenig Sinn für ihre Verantwortung, nicht wahr? Consilio macht es wie ich. Jetzt ist Beppino vier Jahre alt und Maria wieder schwanger.»

In dem Winter, in dem Ritina dann geboren wurde, gab es viele Veränderungen. Die Verbindungen zwischen den Marateas und den Scarpellis rissen ab. Valentino und Margherita zogen zu Pasquale nach Varese, in ein Haus mit anderthalb Hektar

Grund, alles *pianura, fertile* (Ebene, fruchtbar)... Die kleine Rita mußte ohne die Großeltern aufwachsen. Domenico kam zu Pasquale in die Schuhfabrik. Consilio ging zu einem anderen *padrone*, der besser zahlte – einem Industriellen aus Prato, der eine Villa bei Dicomano gekauft hatte und sie in ein Weingut verwandeln wollte: neue Weinberge mit Magerbetonpfosten und Draht, wo der Traktor zwischen den Zeilen fahren und die Chemikalien verspritzen konnte. Valentino mußte das Kupfersulfat mit einer Handspritze auf dem Rücken durch die Felder zu den *filari* tragen.

Wir besuchten Consilio und Maria in ihrem neuen Haus, einem früheren *podere* der Villa, die jetzt zentral mit Maschinen und zwei Arbeitern bewirtschaftet wurde. Consilio war mit dem Wechsel sehr zufrieden. Er bekam mehr Geld, hatte ein bequemeres Haus, die Schule für Beppino war nur ein paar hundert Meter entfernt, bei der alten Kirche von Frascole, einer *frazione* (Ortsteil) von Dicomano. Die Arbeit war weitaus stärker spezialisiert. Alles ging um die Weinberge. Jahr für Jahr wurden neue angelegt, Oliven gerodet, Obstbäume gefällt, Ackerland tief umgepflügt und mit den schlanken Skeletten der Betonpfähle bepflanzt, zwischen denen die ein- bis zweijährigen Reben zunächst fast verschwanden. Wenn ich ihn besuchte, zeigte und erklärte er alles mit einem Anflug von Stolz. Da war die Villa in ihrem kleinen Park, mit dem gepflegten Haus, in dem fast nie jemand wohnte. Der *padrone* kam gelegentlich am Wochenende und während seines Urlaubs hierher. Es gab einen künstlichen See und Bewässerungsrohre, die bei einem früheren Projekt angelegt worden waren und jetzt dem Weinbau nicht mehr so recht nützen konnten. Ich sah die Maschine, mit der die Trauben verarbeitet wurden, ehe sie in die große Kelter kamen.

«Hat dein Vater nicht immer alle Trauben ins *tino* getan?» fragte ich. «Sicher, und deshalb war sein Wein auch herb und ein wenig sauer. Hier bleiben die Stiele und die kleinen, unreifen Beeren draußen. Der Wein hat viel mehr Kraft.» Das stimmte. Wir haben viel von Consilios Wein getrunken. Es war ein trockener, starker Weißwein. Consilio brachte ihn bei seinen Besuchen in einem Plastikkanister mit, der zwanzig Liter faßte. Wir füllten dann alle verfügbaren *fiaschi* und *bottiglie* damit und taten ein wenig Öl und einen guten Korken obendrauf. Voll der Freude des Seefahrers, der sich im Hafen verproviantiert hat, blickten wir auf die Reihen.

Den *padrone* lernte ich einmal kennen. Er kam gleich auf ein Thema zu sprechen, das einem bürgerlichen Italiener oft beim ersten Kontakt mit einem Deutschen einfällt. In *Germania* wird viel gearbeitet und wenig gestreikt. Deshalb ist die Inflation dort geringer, sie muß nicht durch Zwangsmaßnahmen (wie Höchstpreise für Brot und andere Grundnahrungsmittel, die damals verordnet worden waren) bekämpft werden.

«Combattono il male alla fine, non al inizio. Se si vuole cambiare il corso di un fiume, bisogna cominciare in montagna, no nella valle, come fanno loro!» (Sie bekämpfen das Übel am Ende, nicht am Anfang. Wenn man den Lauf eines Flusses ändern will, muß man im Gebirge beginnen, nicht im Tiefland, wie sie es tun.) Er saß vor seiner Villa, neben seinem Lancia, und beklagte sich über die wirtschaftliche Situation, von der er sicher mehr profitierte als Consilio oder ich. Weder ihm noch mir fiel die Absurdität dieser Situation auf. Ich stimmte ihm höflich zu, was den Fluß, das Gebirge und das Tal anging. Über das Streiken könne ich nichts sagen, es werde aber auch in Deutschland gestreikt; vielleicht hätten die Arbeiter in Italien auch mehr Grund dazu. Das Gespräch versandete, er wandte sich ab, *ho da fare* (ich habe zu tun). Wir wanderten weiter, um zu sehen, wie weit Maria mit dem Essen war.

Ich setzte mich an den Kamin und griff nach dem einzigen Lesestoff Consilios. *Fumetti per adulti*, Comic-books für Erwachsene. «Fumetto» ist die Rauchwolke, die Sprechblase, in der steht, was die trivialen Helden sagen. Das war eine andere Welt als der friedliche Haushalt in der langgezogenen Wohnküche mit dem großen Kamin, Eßtisch, Gasherd, Kühlschrank, dem Fernseher unter seiner gehäkelten Schutzhaube gegen den Staub, der von der rohen Holzdecke fiel. Da fuhr Diabolik mit seinem Jaguar den Fluß entlang, um den Gangstern ihre Beute abzujagen. Mit einem raffinierten Unterwassertrick entkam er dann der Polizei. Da mordete Kriminal, durch Kraft und Mut sympathisch, die kleineren, feigeren Gauner. Da gab es Degenkämpfe, Folter- und Bettszenen am Hof der Isabella d'Este, in denen nichts ungezeichnet blieb; Massenvergewaltigungen im Wilden Westen und gruselige Zauberinnen, die junge Männer zur Liebe zwangen.

«*Ti piaciono?*» fragte Consilio, der hinzugetreten war. «Gefallen sie dir? Du kannst sie mitnehmen. Ich habe sie schon gelesen. Am schönsten finde ich das mit dem *filtro* (Zaubertrank), der alle Frauen verführt. In *bass'Italia* gibt es solche *filtri* wirklich. Alte Frauen wissen, wie man das macht. Du glaubst nicht daran? Aber es werden Geschichten erzählt, die muß man einfach glauben. Auch Diabolik ist toll, ich finde ihn besser als Kriminal, vor allem wegen der Masken. Aber jetzt komm zum Essen!»

Consilio zog jedes Jahr ein Schwein auf, das im Winter geschlachtet und zu Würsten und Schinken verarbeitet wurde. Davon gab es jetzt Proben, stark gewürzte, in Öl eingelegte Würste und Artischockenherzen als Vorspeise. Dann kamen die Nudelgebirge, in deren Mitte wie Kraterseen die Hackfleisch-Tomaten-Soße auf den Parmesan wartete. «*Mi piace mangiar molto e molto presto*» (Ich esse gern viel und schnell), sagte Consilio, dessen Teller im Nu leer war. Er nahm sich eine zweite, ebenso große Portion voller *penne* (wörtlich «Federn»; schräggeschnittene Nudeln). Dazu gab es goldgelben Wein und Brunnenwasser. Als zweiter Gang folgte ein Kaninchen, schon zerteilt und mit vielen Kräutern in einer Tomatensoße geschmort, so daß sich das Fleisch leicht von den Knochen löste. Beppino nagte zufrieden an einem Schenkel. Als Nachtisch folgte selbstgemachter, überaus süßer Kuchen mit Espresso, *vin' santo* (Süßwein, der aus getrockneten Trauben gewonnen wird) mit *biscottini* (Kekse).

Marias Lieblingsthema waren ihre Krankheiten, die ebenso schmerzhaft wie schwer auffindbar schienen. Die Ärzte hatten meist nicht einmal einen Namen dafür, in jedem Fall aber kein wirksames Mittel. Vitaminspritzen (in Italien wird nahezu jedes Arzneimittel durch Injektionen verabreicht, in der Stadt von der Hausmeisterin, auf dem Land von einer Nachbarin) halfen nur kurze Zeit. Diese Menstruationsschmerzen! Und die Angst, schwanger zu sein! Die Pille hatte der Pfarrer verboten; der Arzt verlangte viel Geld für ein Privatrezept.

Ich war erleichtert, als ich aufstehen und vor die Haustür treten konnte, wo Beppino mit einem roten Traktor spielte, dem alle vier Räder fehlten. Der Kleine erzählte mir mit seiner piepsigen Stimme, man dürfe beim Baden niemals Pipi ins Wasser machen, denn dann würden winzige Fischlein in einen hineinschwimmen und dort drinnen im Bauch großen Schaden anrichten, das habe ihm seine Mutter beigebracht.

«Wie klug er ist», sagte Maria stolz. Zum Abschied mußte Beppino jedem einen Kuß geben. Er drehte den Schirm seiner roten Kappe mit dem Fiat-Zeichen nach hinten und näherte sich mit vorsorglich gespitztem Mund.

Serafino und Costantina

Während die «Gastarbeiter» hierzulande Unsicherheit und Minderwertigkeitsgefühle seit jeher dadurch bekämpfen, daß sie sich zusammenschließen, machen es die Deutschen in einem Mittelmeerland eher umgekehrt. Sie meiden einander; jeder umgibt sich lieber mit einheimischen Freunden als mit den allzu vertrauten Stimmen der Heimat. Es gibt nicht das samstägliche Treffen am Hauptbahnhof, die speziell auf ihre Bedürfnisse zugeschnittene Kneipe.

Der Fremdarbeiter, zum Auslandsaufenthalt durch wirtschaftliche Not gezwungen, entstammt meist einer anderen sozialen Schicht als der Intellektuelle. Ein Schriftsteller hat seinen Arbeitsplatz überall. Andere können in langen Ferien Freiräume nützen, die mehr durch verinnerlichte Normen als durch wirtschaftlichen Zwang eingeschränkt werden (wie beim Universitätslehrer, der wissenschaftlich auf dem laufenden bleiben muß).

Ein Mitteleuropäer, den es nach Süden zieht, will aussteigen, während der Sizilianer, Jugoslawe oder Türke, den es nach München oder Gelsenkirchen verschlägt, einsteigen möchte. Beiden gelingt das natürlich nicht so, wie man in einen Zug ein- oder aus ihm heraussteigen kann. Wir sitzen alle in derselben Welt, unseren Ruf – «stop the world – I want to get out» – hören allenfalls die Zuschauer im Kabarett. Den Griff der Notbremse suchen wir vergeblich.

In der Fremde wird der Fremde auch sich selber fremd. So sibyllinisch läßt sich zusammenfassen, daß die Unsicherheit darüber, welche Erwartungen nun zutreffen und welche um der Unwissenheit und Andersartigkeit des Fremden willen aufgegeben werden müssen, auch diesen in einen freien Raum stellt, eine zweite Kindheit, die er zu Hause nicht mehr hat und niemals für sich in Anspruch nehmen würde. Die jungen Amerikaner, welche auf dem Oktoberfest schamlos Maßkrüge stehlen, würden es in Minnesota nicht für selbstverständlich halten, eine Kaffeetasse mitzunehmen. Wer Anlagen zum Sonderling in sich trägt, wird sie durch einen solchen Ortswechsel in eine fruchtbare Pflanzstätte versetzen. Sie gedeihen prächtig, während sie zu Hause unter stärker eingeengten Bedingungen verkümmerten.

Diese Gedanken hängen mit meiner Beziehung zu Serafino und Costantina zusammen. Sie sind die letzten Nachbarn, zu denen ich ein engeres Verhältnis aufbaute. Es endete in gegenseitigen Verletzungen, an denen ich mich schuldig fühle.

Serafino war ein ausgesprochen schöner Mann mit glänzendschwarzem Haar, dunklen Augen, seidigen Wimpern (ein Merkmal, das mir schon an Consilio auffiel), mittelgroß, schlank und doch kräftig. Er wirkte mürrisch und ungeduldig; nichts ging schnell genug. Vielleicht schien mir sein Lächeln bezaubernd, weil er es kaum je zeigte. Eher ein gefallener, aus dem Paradies vertriebener Engel als die Lichtgestalt seines Namengebers, arbeitete Serafino wie gehetzt, viel, aber ungleichmäßig. So hatte er die Mähmaschine von Valentino übernommen. Er fuhr mit ihr auf fremde Felder, fand sie zu alt und zu langsam, tauschte sie gegen eine neue ein, mit der er im Frühling Tag und Nacht unterwegs war. Wenig später stand ein großer Traktor im Hof. Serafino war, ölverschmiert und verbissen, mit einem zerlegten Getriebe beschäftigt. Dieser Schlepper war mit einem Darlehen zur Modernisierung der italienischen Landwirtschaft finanziert. Natürlich brauchte er jetzt auch noch die *pressa*, mit der Heu und Stroh in handliche Ballen verwandelt wurden. Wo Valentino und Margherita noch auf den Balken ihres Jochschlittens saßen und Maiskolben schälten, stand jetzt ein Maschinenpark, durch den die Stimme Costantinas schrillte. Sie rief nach Virginia, der fünfjährigen Tochter, die irgendwo wieder irgend etwas anstellte. Weil Serafino soviel auswärts arbeitete, mußte Costantina das Vieh versorgen und konnte sich nicht genug um die Kleine kümmern. Einmal war ich gerade vom Einkaufen gekommen und hatte Costantina eine Kleinigkeit mitgebracht, als Virginia aus einem ihrer Spielhäuser unter den Achsen eines Heuwagens sprang, das lange, scharfgeschliffene Brotmesser noch in der Hand. «*Mi son' tagliata, mi son' tagliata!*» (Ich habe mich geschnitten), schrie sie. Die Hand blutete. Costantina schrie noch lauter, rannte in die Küche, holte die Weinflasche und schüttete eine Portion über die Wunde, die dadurch vollends unübersichtlich wurde. Ein harmloser Schnitt, aber jetzt mußte Serafino seine Tochter in die Ambulanz fahren.

Costantina war untersetzt, kräftig, aber nicht dick; sie hatte breite Backenknochen und dichtes, schwarzes Haar. Von Natur aus weder mißtrauisch noch mürrisch, hatte sie sich doch in dieser Hinsicht wie in den meisten anderen an Serafino orientiert. Ihre schlichten Gefühle und Gedanken waren von seinen verwirrenden Ansprüchen und seinen Hoffnungen immer wieder überfordert. Als wir sie kennenlernten, war sie zum zweitenmal schwanger. Das Kind, ein hübscher Junge mit dichtem, pechschwarzem Haar, kam in Florenz zur Welt. Eines Morgens, während wir noch im Bett lagen, rief Serafino unter unseren Fenstern und sagte, wir sollten nach Florenz fahren und Costantina aus der *maternità* (Entbindungsstation) abholen. Sein Auto sei nicht versichert, er könne eine solche Fahrt nicht riskieren. Es war keine Bitte, sondern eine Forderung, als habe er ein Recht darauf – Gefallen gegen Gefallen. Hatte er nicht mit seinem Traktor einen Kleiderschrank über die Waldwege gefahren und die von uns angebotene Bezahlung ausgeschlagen?

Überrumpelt frühstückten wir hastig und fuhren in die Klinik. Wenn es um ein Kind geht, ist in Italien ein wenig Aufopferung selbstverständlich. Es behagte mir nicht, in Serafinos Augen als ein Nichtstuer zu erscheinen, der jederzeit abrufbar ist. Andrerseits räumte ich mir bei ihm nicht viel bessere Chancen ein, ihm meine Arbeit verständlich zu machen, als bei Valentino und Consilio. Aber Serafino ging anders mit solchen Schwierigkeiten um. Er tat so, als hätte er alles verstanden und durchschaut. Weil er es so fest behauptete, glaubte ich ihm auch eine Weile. Ich überschätzte ihn, und zwar auf eine Weise, die mir peinlich ist.

Inzwischen waren vier Jahre vergangen. Wir hatten etwas Geld gespart. Weil die Signora und ihr Neffe, der Ex-Faschist und Ex-Marineoffizier, gelegentlich davon sprachen, eines der Felder bei unserem Haus, von dem die Aussicht auf das Tal besonders eindrucksvoll war, mit Wochenendhäusern zu bebauen, wollte ich Land kaufen. Serafino war sofort Feuer und Flamme. Er mache das für uns. Er sei *mediatore* (Makler). Er werde das Land billig heranschaffen. Dann könne er es selbst pachten. Er denke daran, mehr *bestie* zu kaufen – Kühe oder Schafe. Also beauftragten wir ihn. Er mußte schließlich Bescheid wissen, er war Italiener, wir nicht.

Aber wir kamen nicht weiter. Serafino gab sich betriebsam. Er deutete an, das Geschäft stehe kurz vor dem Abschluß. Am Donnerstag, beim nächsten Markt, werde er es perfekt machen, genau nach unseren Wünschen. Dann hatte er wieder niemanden angetroffen. Die Signora hatte keine Zeit. Aber keine Sorge, bald würde alles in Ordnung kommen. Ich wollte nicht aufdringlich sein und ließ es eine Weile, nachzufragen. Serafino kam nicht auf das Thema zurück.

Endlich riß mir der Geduldsfaden. Ich wandte mich direkt an Elio, den Verwalter der *padrona*, und fragte ihn, ob er *mediatore* sein wolle. Jetzt erfuhr ich, daß Serafino tatsächlich einmal in der Villa vorgesprochen hatte. Niemand hatte seine Andeutungen verstanden (oder verstehen wollen), die auf ein großartiges Geschäft hinausliefen. Die Toskaner hatten den jungen Mann nicht ernst genommen. Er war unfähig, sich selbst und uns diesen Sachverhalt einzugestehen. Merkwürdigerweise schämte ich mich für ihn. Ich dachte, es sei unüberlegt von mir gewesen, ihm zu erlauben, sich in dieses Geschäft einzumischen, das jetzt abgewickelt wurde. Wir bekamen etwa zwei Hektar. So hatten wir unsere *libertà intorno alla casa* (Freiheit ums Haus), wie Elio es ausdrückte. Später hieß es, daß auf dem Gebiet ein *vincolo paesistico* (Landschaftsschutz) lag, also keine neuen Bauten genehmigt worden wären.

Als wir beim Notar gewesen waren, schien Serafino eine ganze Weile noch mürrischer als sonst. Auf dem Umweg über Consilio und Maria erfuhren wir, daß er sich von uns um seine Provision als *mediatore* betrogen fühlte. Wir versuchten denselben Umweg in der Gegenrichtung zu beschreiten. Aber Maria war ohnehin von Serafino und Costantina enttäuscht, die ständig irgendwelche *piaceri* (Gefallen) forderten, aber die Gegenleistungen vergaßen. Seither achteten wir peinlich darauf, von Serafino und Costantina nichts anzunehmen, was wir nicht sofort bezahlen konnten.

Damals war ich betroffen und ärgerte mich über Serafino, aber auch über mich selbst und meine Leichtgläubigkeit. Wenn die Kontakte oberflächlich bleiben und alles dem idealisierten Bild entspricht, wird der Fremde nicht in das Gewebe von Klatsch und verdeckter Ablehnung einbezogen, das zum menschlichen Zusammenleben gehört.

Allmählich überwand ich wieder das Mißtrauen, das sich auf alle die oberflächlich so freundlichen Nachbarn in Vicchio ausgedehnt hatte. Auch gegen Maria, die Zwischenträgerin, richtete es sich. Wußte ich denn, ob sie nicht anderswo ähnlich abfällig über mich sprach wie jetzt über Serafino?

«Es sind rohe Leute, sein Vater kann nicht lesen und schreiben, er ist ein Hirte, der seine Kinder großgezogen hat wie das Vieh, mit Schlägen. Serafino ist nicht anders. Neulich hat ihm Costantina widersprochen, da hat er ein Glas genommen, das auf dem Tisch stand, und hat es so auf ihren Unterarm geschlagen, daß sie mit sieben Stichen genäht werden mußte!» Jetzt erinnerte ich mich. Costantina war eine Weile mit dickverbundenem Arm herumgelaufen, die Augen vom Weinen gerötet. «Ich habe mich an einem Glas geschnitten», sagte sie. Sie hielt ihm trotzig die Treue, zumindest uns, den Fremden, gegenüber.

Serafino blieb rastlos. Er fuhr mit seinem Traktor weite Strekken, um nur ja keine Gelegenheit auszulassen, zu pflügen oder zu eggen, Gras zu schneiden, Heu zu pressen. Es schien ihn zu ärgern, daß Costantina weniger zu tun hatte als er. So schaffte er zwei weitere Kühe an und mietete den Grund, der um unser Haus lag. Er war zu großen Anstrengungen bereit, wenn er sich davon einen bequemen Ertrag versprach, ein aus dem Paradies vertriebener Adam, der unermüdlich um seine Rückkehr kämpft. So zäunte er in einer Woche harter Arbeit, nur mit einem Hammer, dem *pennato* und einer Beißzange ausgerüstet, die Felder ein. Dann konnte Costantina das Vieh auf die Weide treiben und nachher wieder ihren Geschäften nachgehen wie er den seinen. Zum Hirten fehlte beiden die Geduld. Die Kühe liefen auf den Feldern herum, zu wenige, um eine Herde zu bilden. Unser Haus wurde zu einer Insel in einer Flut unruhiger Tiere, die sich manchmal in den Wald verirrten (wo Serafino gedacht hatte, er könne sich den Zaun sparen) und dann von Costantina mit lauten Rufen, Flüchen und Scheltworten herausgetrieben wurden, während zu Hause Virginia den kleinen Massimo hüten mußte, den sie wie eine Puppe überallhin mitschleppte, von wütenden Schreien der Mutter verfolgt.

Die Resignation von Valentino und Margherita (wie die von Gino und Modestina) über die allzu schwere Arbeit kam mir in den Sinn. Brombeerranken und Schlehen drangen an den Rändern der *campi* vor, die Fruchtbarkeit der Oliven und Weinstöcke schwand wie die Kraft der Bauern, die Erde zu bearbeiten. Seit der junge, unternehmungslustige Serafino das *podere* bewirtschaftete, war all dies schlimmer geworden, die Oliven sahen noch struppiger aus als früher, die Weinernte war so gering wie nie zuvor. Serafino aber fuhr seinen Traktor oder reparierte ihn; die Maschine interessierte ihn weit mehr als das Land. Er kaufte noch eine Schafherde, siebzig Tiere, die Costantina hüten sollte, wenn er unterwegs war. «Er ist verrückt», sagte Ugo Scarpelli. «Er verdirbt alles. Sie fressen die Reben, sie nagen die Rinde von den Oliven. Und sie geben keine Milch, wenn er sie nicht hütet. Er ist kein Hirte, der sich auf seine Sache versteht. Jemand muß bei den Tieren sein, den ganzen Tag auf sie aufpassen. Sonst rennen sie herum und fressen nicht richtig. Dieser Serafino will immer alles sofort. Er kann nie bei einer Sache bleiben. Ich habe ihm das *podere* gegeben, weil Valentino fort wollte und ihn vorgeschlagen hat. Aber er sollte es nicht verderben und als Schafweide benützen. Das geht zu weit!»

Ugo konnte nicht viel tun. Toskanische *poderi* waren nicht mehr, wie noch vor zwanzig Jahren, so begehrt, daß sich die *mezzadri* um ein Haus rissen und nie gewagt hätten, dem *padrone* einen Grund zur Kündigung zu geben. Jetzt fraßen die Schafe an der frischen Rinde der jungen Oliven, die Ugo gepflanzt hatte. Er fluchte über die *disgraziati marocchini* (elende Süditaliener)* und sagte nichts. Das Leben wurde auch für uns beschwerlicher. Die Herden des Berufshirten Pampalone, der die Felder um das Haus bisher gepachtet hatte, waren meist wohlbehütet an unserem kleinen Gemüsegarten vorbeigezogen. Aber die herumirrenden Tiere Serafinos mußten durch einen Zaun abgehalten werden. Er versprach, ihn zu bauen, aber es war schon zu spät. In einem unbeaufsichtigten Augenblick drang die Herde in unsere Tomatenpflanzung und fraß eine ganze Ernte in wenigen Minuten. Kümmerliche Reste hingen noch an den obersten Fruchtständen. Ich verstand wieder, weshalb Kain den Abel erschlagen hatte. Hirten werden nie die Wut eines Bauern verstehen, so lange er nicht mit dem Knüppel in der Hand auszieht, sie ihnen einzubleuen. Ich rannte über den Hügel zu Costantina – Serafino war nicht zu Hause – und klagte an. Sie zuckte die Achseln, kam aber am Abend mit einem Eimer Tomaten. Sie waren blau vom Kupfersulfat, mit dem nicht nur die Reben, sondern auch die Gärten gespritzt werden. Am nächsten Tag tauchte Serafino auf. Er machte einen Zaun aus Maschendraht über den alten, nur vor den Kühen schützenden Stacheldrahtzaun. Jedesmal, wenn wir unser Land verließen, mußten wir nun ein Gatter öffnen und schließen. Wanderer wurden durch Schilder aufgefordert, es uns gleich zu tun. Unsere Quelle war durch eine Einfassung geschützt (die auch wegen der Jagdhunde notwendig war, die das Wasser verschmutzten). Die Schafe hielten sich an den Zaun. Ein alter, rehfarbener Ziegenbock jedoch sprang wie ein Hirsch darüber und naschte an den Tomatenresten, wenn man ihn nicht durch Steinwürfe verscheuchte. Abel ist stärker als Kain. Er hat Herden; der Gärtner kann seine Augen nie überall haben. Treibt er vorn ein Schaf weg, kommen zehn von hinten. Daß ich es aufgegeben habe, Obstbäume zu pflanzen und die Wildnis zu roden, hängt mit solchen Erfahrungen zusammen.

* Mailänder sagen, daß südlich von Florenz Afrika beginnt; Florentiner verlegen diese Grenze nach Rom. «Marocchino» heißt wörtlich: Marokkanerlein.

Ich erinnere mich noch gut an meine Wut und Trauer, wenn ich die von Ziegen geknickten Kronen sah, die abgefressenen Rindenstreifen. Die einzigen Obstpflanzen, denen die Herden nichts anhaben konnten, waren die wilden Brombeeren. Sie gaben jedes Jahr eine reiche Ernte. So überließ ich ihnen das Feld.

Nun gingen wir möglichst rasch am Haus von Serafino und Costantina vorbei, um der Peinlichkeit zu entgehen, unseren Ärger über die Invasion unbehüteter Schafe und Ziegen auszudrükken – oder zu unterdrücken. Die *campi* blieben ein Jahr lang Serafinos Weide, auch als wir das Land schon gekauft hatten. Den Wald wollte die *padrona* behalten. Er warf Gewinn ab. Im nächsten Jahr gelang es der *padrona* nicht mehr, die Felder an einen Hirten zu verpachten. Sie waren zu sehr von Brombeeren und Schlehen überwuchert. Weder der Pampalone noch Serafino hatten sie gerodet, wie es sich für einen aufmerksamen Bauern gehört.

Im nächsten Jahr waren Serafino und Costantina verschwunden. Das Haus stand schläfrig an der Ostseite des Hügels, symmetrisch zu unserem an der Westseite, getrennt durch einen bewaldeten Grat, der vor zweitausendfünfhundert Jahren einen Tempel der Italer und später eine etruskische Siedlung getragen hatte (beide wurden 1971 ausgegraben). Ugo Scarpelli vermietete es an einen Trupp munterer Florentiner, die am Wochenende kamen, in die Wälder schwärmten und ein großes Brett mit ihren Namen, schwarz auf rot, an den Nußbaum nagelten. Über die Felder zog jetzt die Herde des Pampalone. Sie wurde nicht mehr von dem alten Hirten bewacht, sondern von den herangewachsenen Töchtern, die ein plärrendes Radio mitnahmen und die Schafe zur Popmusik weiden ließen wie früher zu Flöte und Schalmei.

«Sie sind nach Marradi gegangen», erzählte Ugo von Serafino und Costantina. «Es liegt am Weg in die Romagna. Sie sind ganz allein im Wald, haben viel Weide und belästigen niemanden mehr mit ihren Herden. Serafino hat sich noch mehr Maschinen gekauft; Costantina hat noch ein Kind und über hundert Schafe.»

Das weitere Schicksal von Ugo Scarpellis *podere*? Die munteren Florentiner blieben ein Jahr; dann verkaufte Ugo Haus und Grund an einen großen, bedächtigen Mann, der den Dialekt von Florenz sprach. Er baute eine Zentralheizung ein und versuchte eine Kopie herrschaftlichen Lebensstils, die ihm schlecht gelang, weil er *mezzadro* und *padrone* (Halbpächter und Grundbesitzer) in einer Person sein mußte, während seine Frau den Bequemlichkeiten eines städtischen Haushalts nachjammerte und seine Reden von dem *clima sano* (gesundes Klima) und der *aria pura* (reinen Luft) verabscheute. Ich erfuhr auf diese Weise, daß in Italien ein Angestellter der *nettezza urbana* (Straßenreinigung) eine Respektsperson mit gutem Verdienst und Pensionsanspruch ist, die sich einfachen Bauern weit überlegen dünkt. Signor Pucci pflügte mit einem gedrungenen, hüfthohen Traktor verbissen gegen die Brombeeren und Robinienschößlinge an, die von den Waldrändern in den *oliveto* (Olivenpflanzung) eindrangen. Seine Frau kränkelte, klagte im Sommer über die Hitze, im Winter über die Kälte, blieb immer im Haus und entzog sich so der segensreichen *aria pura*, die ihr Gatte mit hilflosem Nachdruck rühmte. Schließlich gab er auf und verkaufte das *podere* an einen jungen Geschäftsmann aus Prato, der es völlig renovierte, mit neuem Dach und einem schreiend gelben Putzüberzug versah. Nach dem zweirädrigen Karren Valentinos, dem Maschinenpark Serafinos, den Araukarien und Schusterpalmen des pensionierten Straßenkehrers stand jetzt eine Hollywoodschaukel mit geblümtem Bezug auf der sandsteingepflasterten Tenne vor dem Haus. Unter den Oliven schraubten Handwerker das Skelett eines Schwimmbeckens aus Stahl und Plastikfolie zusammen. Der neue *padrone* kam gelegentlich mit einem schiefergrauen Mercedes, überwachte die Arbeiten und klagte leutselig, daß ihn ein Liter Wein, ein Kilo Öl von diesem Land zehnmal so viel kosteten wie der Kauf dieser Produkte im Supermarkt.

Dario der Hirte

Die Wildnis hat sich als dauerhafter erwiesen als die Nachbarn. Alle, die wir in den ersten Jahren kennenlernten, sind fort. Es dauerte seine Zeit, bis wir einige Fäden dieses komplizierten sozialen Gewebes verfolgen lernten. Die Toskaner sind höflich, distanziert und selbstkritisch bis zur Ironie, heißt es; Süditaliener hingegen überschwenglich, distanzlos und aufdringlich. Aber der Reisende lernt in der Toscana eher bürgerliche *signori*, im Süden eher proletarische *lazzaroni* kennen. Bürgerliche Süditaliener sind mindestens so distanziert wie die Toskaner, aber es gibt weniger von ihnen.

Im Mugello trafen wir halbwilde Hirten aus den Bergen, die weder von der Toscana noch der Campagna geprägt waren, sondern allein von einem rauhen Leben in großer Armut.

Der alte Pampalone war einer von ihnen. Er ging mit der Schafherde. Seine Hündin, Vespina, wich einem Stück Brot aus, das ich ihr zuwarf, als sei es ein Stein. Dann näherte sie sich vorsichtig, witterte und fraß gierig. Sie hatte gelbgesprenkelte, graue Augen, die mir zuerst wild und gefährlich schienen. Wer an der grasenden Herde vorbeiging und dem beschaulichen Chor des Rupfens von achtzig Mäulern zuhörte, mußte erschrecken, wenn Vespina und ihre alte Mutter, beide grau, zottig, von Wolfsgröße, aus den Ginsterbüschen brachen. Der alte Hirt war leicht zu übersehen, in den Schatten geduckt, ein krummer Rücken und krumme Beine. Er schlug mit dem krummen Stock nach den Hunden und fluchte – entweder zu Anfang eines Satzes oder am Schluß: *Dio cane, porca Madonna, Madonna puttana, dio boia* (Hundsgott, Saumadonna, Hurenmadonna, Henkergott). Immer sagte er Schlechtes voraus.

Wenn im Juli die Hitze fast unerträglich wurde und einen weißen Schleier auf jede Bewegung im Freien legte: *«Dio cane, verrà anche più caldo!»* (Es wird noch heißer werden!) Als ich die

Brombeerwurzelstöcke hinter der *capanna* rodete, kam er vorbei und sagte: «*Tornano anche più belli, madonna puttana!*» (Sie kommen noch schöner wieder!) – Er hat recht behalten, sie sind wiedergekommen, stacheliger denn je. Als nach der großen Überschwemmung im November 1966 das Mugello weithin unter Wasser stand, war er zufrieden. «*Porca Madonna, tutto allagato, tutto sott' aqua! Si sta meglio in collina, porca miseria. Dio boia!*» (Alles überschwemmt und unter Wasser. Man lebt besser auf den Hügeln, verfluchtes Elend, Henkergott!) Einmal begegnete ich ihm. Er verzog den Mund zu einem schiefen Lächeln, seine Backe war angeschwollen, die Augen blickten fiebrig. Was er denn habe? Eine Zahnfistel war es. Ob er nicht zum *dentista* gehen wolle? «*Dio boia, io non vado da nessun medico. Passerà, porca Madonna, passerà!*» (Ich gehe zu keinem Arzt. Das geht vorbei!)

«Er ist aufgewachsen wie der Wolf im Wald, die arme Kreatur», sagte Ugo Scarpelli vom alten Pampalone. «Aber er ist hart. Er ist jetzt über achtzig. Bei jedem Wetter geht er mit den Schafen. Sein Sohn kann das *podere* bearbeiten und den Käse verkaufen. Die Schafe gehören Dario, nicht dem Alten. Geld hätte der genug mit seiner Rente. Aber er steckt jeden Pfennig unter die Matratze. Er ist ein Geizkragen, arbeitet für Brot und Wein. Nur seinem Enkel, diesem Taugenichts Giovanni, kauft er alles, was der Junge will – jedes Jahr ein neues Fahrrad. Der macht sie alle kaputt. Millionen hat der Alte unter seiner Matratze. Er bringt sie nicht zur Bank, er traut niemandem. Was wollen Sie? *È cresciuto insieme col lupo* (Er ist zusammen mit einem Wolf aufgewachsen). Wissen Sie, was er frühstückt? Er geht in den Gemüsegarten, gräbt eine Zwiebel und einen Knoblauch aus, das ist sein Frühstück.»

Sein Sohn Dario Pampalone war ein wenig älter als ich, ein kräftiger, gutmütiger Mann mit jähem Temperament. Ich habe oft mit ihm gesprochen, wenn er und nicht der Alte mit den Schafen über unsere *campi* zog oder wir zu seinem *podere* gingen, um *ricotta* (Quark) zu holen oder eine ganze *forma di pecorino* (Laib Schafskäse). Er war stolz auf sein *mestiere* (Handwerk): Schafe weiden, scheren, melken, verarzten, Käse machen, Lämmer schlachten. Die Herde gehörte ihm allein; die *mezzadria* war nur ein Zubrot. Später hat Dario ein anderes *podere* weiter unten im Tal gemietet. Wie einst die intensivere Bebauung die Hirten in die Berge vertrieben hatte, so kehrten sie jetzt an den Rand der Täler zurück.

Dario zeigte uns alle Quellen, aus denen er in dem schmalen Seitental der Sieve trank, in dem das Haus liegt. Das Wasser der einen lobte er besonders. «*Fà tutto l'anno*» (Sie fließt das ganze Jahr), sagte er. Sein Brunnen wurde im September immer trokken. Er oder seine Frau mußte dann das Wasser in *damigiane* (großen Korbflaschen) mit dem Gespann vom Bach holen.

Er handelte lieber, als zu sprechen. Wenn ich ihn fragte, ob es mühsam sei, ein paar Dutzend Schafe zu melken, packte er das nächste, drückte flink auf die Zitzen, wand das Euter aus wie einen Lumpen, daß die Milch auf den Boden schoß. «*È facile!*» So leicht ist das. Ich kam zur Kirschenzeit bei ihm vorbei, die Bäume hingen voller herzförmiger, nußgroßer *duroni*. Er lud mich ein, ich aß, soviel ich konnte, aber ich hatte kein Gefäß, um auch den Kindern welche zu bringen. Da packte er einen Ast, schwang sich wie eine Katze hinauf und brach aus dem Wipfel dichtbelaubte und üppig behangene Zweige, die er vor meine Füße warf.

Die Schadenfreude seines Vaters war auch bei ihm zu beobachten. Immer das Schlechteste zu erwarten und sich darüber zu freuen, wenn man recht behält, schien ihm ein nicht zu verachtender Trost. «Aus meinem Heu kann man jetzt Mist machen», sagte er grinsend, als es im Juni wochenlang regnete. Wo der Alte fluchte, lachte Dario. Sein Gesicht mit der römischen Nase und den dunklen Augen, die stumpf waren wie die eines gefangenen Raubtiers, verwandelte sich. Er zeigte die kräftigen Zähne, die Augen funkelten. «Früher hatte ich zwei Widder», erzählte er. «Aber der eine hat sich mit dem Alten angelegt. Wenn er vor der Herde herging und an nichts dachte, nahm er einen Anlauf und stieß ihn in den Hintern.» Dario faßte sich an beide Hinterbakken und zog das Becken mit einem Ruck nach vorne, um zu zeigen, wie der *montone* zustieß. «Da mußte ich ihn zum Schlachter bringen. Ich konnte ihn nicht behalten.» Es klang bedauernd, als hätte der junge Hirt gut verstanden, was der Widder mit dem Alten tat. «Mich hat er nie gestoßen», setzte er hinzu. «Er achtete den *padrone*!»

Auch Vespina zeigte diesen Respekt. Während sie den Alten mied, leckte sie dem Jungen die Hand und gehorchte ihm auf jeden Wink. «Er schlägt sie, weil sie nicht für ihn arbeitet, und sie tut es nicht, weil er sie schlägt», sagte Dario nachdenklich. Wenn die Herde auf unseren *campi* war, saß Vespina bald vor unserer Tür und wartete. Nach einem Jahr saß sie etwas näher da. Aber sie schnappte nie nach einem Bissen, den wir ihr zuwarfen, wie es Hunde in einer wohlwollenden Welt tun. Nach zwei Jahren kam sie nicht wieder. «Sie ist diesen Winter gestorben», sagte Dario. «Zwei schwarze Jungen hat sie noch auf die Welt gebracht. Das war der Hund von dem Bauern unten.» Er hatte einen zottigen Welpen bei sich, der noch sehr verspielt war. Vespinas Augen werde ich nicht vergessen.

Im Vorjahr war Vespina einmal um unser Haus herumgestrichen, mit drei oder vier verschiedenen Hunden hinter sich, die alle um sie warben und sich anknurrten. Einer davon, ein weißer Jagdhund mit hängenden Lefzen und hellbraunen Flecken, gefiel dem Freund sehr gut, der mich gerade besuchte. Ich erzählte es dem Hirten einen Tag später. Den nächsten Morgen rückte Dario zusammen mit einem mageren, schwarzhaarigen Mann an, der den von meinem Freund gelobten Hund an einem schmutzigen Strick mit sich führte. «Er will euch den Hund verkaufen», sagte der Hirt mit strahlender Miene, als hätte er einen schwierigen Auftrag für uns erfüllt und den Hundebesitzer mühsam überredet, doch von seinem *bracco tedescho* zu lassen. «Es ist ein sehr schöner Hund, reinrassig und gar nicht anspruchsvoll, er frißt alles, auch trockenes Brot und Kartoffeln... Gefällt er ihm?»

So kam mein Freund für zehntausend Lire zu Lilo, der seinem Ruf, kein wählerischer Esser zu sein, gleich Ehre machte. Er schlabberte gierig zwei faule Eier, die wir unter einen Busch geworfen hatten.

Lilo war eine reinrassige deutsche Bracke, versicherten Hundekenner später. Er bewachte das Auto meines Freundes in Rom, als es aufgebrochen und geplündert wurde. Wahrscheinlich hat er die Autoknacker schwanzwedelnd begrüßt, wie es seiner freundlichen Art entsprach. «Eben ein Jagdhund», entschuldigte Lilos Herr. «Die Jagdhunde müssen lernen, sich mit allen Menschen zu vertragen und sich auf das Wild zu konzentrieren.»

Als er Lilo nach Deutschland gebracht und mit einer Haferflockenkur von einem hartnäckigen Durchfall geheilt hatte, stellte mein Freund den Jagdhund auf die Probe. Er griff nach der Doppelflinte, die in dem großen Parkgrundstück benutzt wurde, um Krähen zu schießen, und pfiff nach dem Hund. Lilo kam freudig angesprungen. Kaum sah er aber das Gewehr, stieß er einen klagenden Laut aus, sprang wie vom Teufel gehetzt außer Sicht und kehrte erst in der Dämmerung zurück.

Als ich Ugo Scarpelli davon erzählte, meinte er trocken: «Es gibt Jäger, die brennen dem Hund ein paar Schrotkörner auf den Pelz, wenn er nicht das tut, was sie wollen.» Kein Wunder, daß Dario Pampalones Freund seinen gejagten Hund loswerden wollte!

Die Frau des Hirten war jünger als Dario. Sie ging gebückt wie eine Alte, mit Kopftuch und blauer Schürze. Wenn ich mich dem Haus näherte, hörte ich sie oft schreien. Sie sprach selten anders zu ihren Kindern, wilden Geschöpfen mit großen grauen Augen, wirren Haaren und breiten Schleimstraßen, die sich wie Spuren einer Schnecke über Oberlippen und Wangen zogen. Sie waren sehr scheu und sagten nie etwas von sich aus. Wir nannten die Frau die Pampalona und erfuhren bald, warum sie so gebückt ging. Die vielen Geburten hatten zu einem Vorfall der Gebärmutter geführt. Der Arzt verschrieb ihr einen Stützgürtel, den sie zu unbequem fand. Er riet zu einer Operation – aber wer sollte für die Kinder sorgen? Außerdem wußte man nie, ob man aus diesen Krankenhäusern lebendig zurückkam. Ihre Kinder hatte die Pampalona alle zu Hause bekommen – wer sollte sonst für die anderen sorgen? Sechs Schwangerschaften, zwei Fehlgeburten, ein Junge und drei Mädchen.

Die Pampalona kam aus dem Süden. Für ihre Verhältnisse hatte sie mit dem *pecoraio* (Schäfer), der über achtzig Tiere besaß, eine gute Partie gemacht. Aber sie verlor den Schutz der Familie, war ganz auf sich allein gestellt mit ihrem halbwilden Mann und dem Alten, der kaum ein Wort sagte außer Flüchen. Inzwischen waren die Kinder aus dem Gröbsten heraus, der Alte half mit bei der Herde, da konnte Dario auch zu Hause bleiben und sie einkaufen gehen. Früher mußte sie dazu die Kinder allein lassen. Sie wickelte sie dann in feste Bündel mit dem langen, elastischen Windelband und lief ins Dorf, voller Angst, bis sie mit den gefüllten Taschen wieder zurück war. Sie würde sie so gerne häufiger waschen und ihnen öfter als einmal in der Woche frische *grembiuli* (Röcke) anziehen – aber ohne Wasser im Haus, ohne Strom? Im Winter war alles naß und schimmelig, aber dafür hatte sie wenigstens genug Wasser.

Im Sommer trocknete der Brunnen aus. Da traf ich sie einmal, wie sie mit einem Emailtopf voll warmen Wassers, der vielleicht zwei Liter faßte, den drei Mädchen die Haare wusch. Die Prozedur war von heftigem Gebrüll der Pampalona und des jeweiligen Opfers begleitet. Die besorgte Mutter stieß zwischen ihren ebenso liebevollen wie vergeblichen Waschungen mindestens fünf Morddrohungen aus – *ti amazzo, ti spacco la testa!* (Ich bring dich um, ich spalte dir den Schädel!). Dann sah sie mich, begrüßte mich mit ihrem düsteren Blick, der durch die krumme Haltung unterwürfig wirkte. Sie holte bereitwillig *ricotta* und *pecorino fresco*, die sie auf einer alten Waage mit Schale und Balken wog. Sie zeigte mir, in welcher Kerbe der Ring hängenblieb, der das Gewicht trug. Dann rechneten wir gemeinsam aus, was es kostete. Dario war ein tüchtiger Mann, sein Käse einer der besten, die ich je gegessen habe. Auch sein Wein schmeckte vorzüglich, stark und herb, wir bedauerten es sehr, als er uns eines Tages keinen mehr verkaufen wollte. Er reiche sonst nicht mehr für ihn, den *vecchio* und die vielen Gäste, die zur Schafschur kommen würden.

An einem Abend wurden wir von einem Gewitterregen überrascht und blieben mit der ganzen Familie und zwei Männern, mit denen Dario gekommen war, in der verräucherten Küche. Der Alte hockte auf einem schiefen Stuhl mit zerrissenem Binsengeflecht unter der großen *cappa* des offenen Kamins. Das Feuer wollte nicht brennen, das Bündel von Ästen, groß wie eine Garbe Korn, war naß geworden. «Hol doch den Schwefel für die Weinstöcke», sagte einer der Männer. Dario grinste und kam mit einer Handvoll gelbem Staub zurück, den er über das rauchende Holz streute. Blaue Flämmchen mit gelben Rändern züngelten sofort überall.

Der Alte regte sich ein wenig, hustete, spuckte ins Feuer und hielt die Hände vor sich.

«Er will immer ein Feuer haben», sagte Dario. «Er mag sich nicht am Herd wärmen.» Er zeigte auf die weiße *cucina economica*, deren langes Rauchrohr in den höchsten Teil der Kaminhaube mündete.

Dario holte einen *fiasco* von seinem Wein und eine *forma* seines *pecorino* – und zwar vom *pecorino vecchio*, der gelblich und würziger war als der *pecorino fresco*, den wir meist aßen. Dann schnitt er für jeden ein daumendickes Stück ab und forderte mit seinem leuchtenden Grinsen in dem düsteren Gesicht zum Essen auf – *si favorisca!* Die Frau brachte einen Laib Brot und kurze, breite Gläser. Die Kinder drängten sich aus dem Schlafzimmer herein, das direkt hinter der Küche lag. Die dreijährige Giuliana schnitt sich mit dem langen, scharfen Brotmesser ein Stück Käse ab und aß es mit träumerischem Blick direkt vom Messer. «Paß auf, daß du dich nicht schneidest», sagte ich. «Keine Gefahr», rief Dario und lachte, «sie sind es so gewöhnt.» Im Licht der Kerze am Spülstein (einem Sandstein, der zu einem Trog gehöhlt war und dessen Ablauf direkt ins Freie führte) und des flackernden Feuers schrumpfte die Welt auf Wärme und Nahrung.

Vor einigen Tagen habe ich den Schauplatz dieser Szene wiedergesehen, die sich im Jahr 1967 abspielte. Ich war gerade damit beschäftigt, die Küchendecke zu reparieren. Drei der Tragbalken waren so morsch geworden, daß man ein Messer in sie stoßen konnte wie in eine Torte. Da hörte ich Stimmen draußen. Ein dünner Mann mit hageren Armen und großen Händen begrüßte mich höflich. Er sei mein Nachbar dort – er wies nach Nordosten – und habe seiner Frau, die noch nie bei diesem Haus hier gewesen sei, einmal den Platz zeigen wollen. Wir kamen ins Gespräch, wurden eingeladen, das von ihm – er komme aus Prato – gekaufte Haus des Hirten zu besichtigen. Sie hätten Birnen und Tomaten im Überfluß. Es täte ihnen leid, sie verkommen zu lassen – ob wir nicht vorbeischauen und welche holen wollten?

Das *podere* des Pampalone war verwandelt.* Kein blühender Garten mit Hähnekrähen, dem Blöken der Lämmer und dem Kindergeschrei, in das sich das Kreischen der Mutter mischte, aber auch keine schier undurchdringliche Wildnis, wie um mein Haus, sondern eine Steppe mit stoppeligem, vertrocknetem Gras, in dem neugepflanzte Pinien und Nußbäume um ihr Leben kämpften. Ein Stück Gartenland beim Brunnen und einige schwerbeladene Obstbäume erinnerten noch an die einstige Fruchtbarkeit, die schlampig und ungezügelt war – Schafsmist unter die Reben, Dornengestrüpp am Weg, um die Herde vom grünenden Weizen abzuhalten, blühende Kirschbäume, üppig austreibende Oliven. Der Mann aus Prato begann sofort, uns seine Pflanzungen zu zeigen. Die Frau tadelte gutmütig, er wisse doch gar nicht, ob uns das interessiere, und wir versicherten, es interessiere. Er erklärte eifrig, daß die Kirschbäume eingegangen seien, weil ein übereifriger Gärtner sie beschnitten habe. *«Non vuol' essere molestato il cieliegio, assolutamente no. Non sopporta che ci si rompono le scatole, se mi capisce.»* ** Er wußte nicht genau, ob mir die Anspielung zwischen dem Belästigen des Kirschbaums und dem Quetschen der Eier (*rompere le scatole*: «auf die Nerven gehen» ist die vornehme Übersetzung) klar war und wiederholte sie mehrmals. Stolz auf seinen Besitz, stolz auf

* Das Umschlagbild zeigt es in diesem renovierten Zustand.

** Der Kirschbaum will nicht belästigt werden, ganz und gar nicht. Er erträgt nicht, wenn man ihm auf die Eier geht.

sein Wissen, war er doch ein bescheidener Mann, vielleicht sechzig Jahre alt, der die Bäume liebt, wie ich sie liebe. Die Signora war von der *bella biondina* (der schönen Blonden) begeistert, während sich Anna schüchtern ans Bein der Mutter klammerte. Sie habe drei Kinder, sagte die Signora. Eine Tochter sei verheiratet und habe zwei Kinder. Es sei doch schrecklich heiß hier. Sie seien bisher in Cortina d'Ampezzo gewesen – wieviel schöner war es dort, so kühl, und eine so reine und leichte Luft!

Fließende Konversation, wo die Pampalones ihre rauhen Sätze wie Keile einschlugen. Jeder für sich, wie Schauspieler, die für eine Probe vorsprechen, zeigten die beiden Eheleute ihr Haus und wollten Aufmerksamkeit für das, was sie besonders viel Mühe gekostet hatte: Die Trennwand zwischen Küche und Schlafzimmer wurde herausgenommen, um einen großen *salotto* mit dem alten, stilgetreu erhaltenen Kamin zu gewinnen. Die Bögen waren freigelegt worden, die den Sturz über den Fenstern entlasteten, ebenfalls die beiden runden *portoni*, die früher zum Teil zugemauert waren. Im Weinkeller war eine Zentralheizung eingebaut. Im Jahrhundertwinter 1984/1985, als es in Vicchio minus 28 Grad hatte und überall in der Toscana die Ölbäume erfroren, seien alle Heizkörper geplatzt, klagte die Signora. Und Diebe seien dagewesen, hätten den Fernseher gestohlen.

«Aber hier unten ist nichts gefroren. Da, sehen Sie, was ist das?» Der Hausvater wies auf den unteren Teil der Kellerwand, auf streifenförmig behauenen, gewachsenen Fels. «Ja, direkt in den Stein gebaut. Hierher konnte die Kälte nicht kommen. Der Kessel ist nicht geplatzt, der Wein nebenan nicht verdorben. Es waren nur die Heizkörper oben im Haus, die gebrochen sind.»

Mit einem Näseln, als habe sie noch heute den schlechten Geruch zu ertragen, zeigt die Signora am Treppenabsatz die Stelle, wo die Familie des Hirten *il buco* hatte, das Plumpsklo, *puzzava, e come puzzava!* (es stank, und wie es stank!). Sie haben zwei gekachelte Bäder eingebaut. Die Böden sind neu, stilgerecht mit roten Ziegelplatten belegt. Auch die Zimmerdecken sind wie früher: *travi* (Balken), die *correnti* (Läufer) tragen, zwischen denen dann diegleichen *mattonelle di terracotta* (Ziegelfliesen) liegen wie auf dem Fußboden. Das Dach ist ganz abgenommen worden, die morschen Balken und Läufer wurden alle ausgewechselt, die Mauerkrone mit Eisenbeton befestigt, über den *mattonelle* liegt eine Schicht Steinwolle zur Isolierung. Soweit der Bericht des Signore, vom Stöhnen über die hohen Kosten solcher Arbeiten unterbrochen – heute könnte man sich das überhaupt nicht mehr leisten, da hätte man abreißen und neu bauen müssen. «Im Winter ist es eiskalt und im Sommer brütend heiß hier oben», sagt die Signora. Später sitzen wir am Tisch im *salotto*. Die Signora bringt Bier in Dosen aus dem Kühlschrank, der Hausherr kommt mit einem *fiasco* aus dem Keller. Wir entscheiden uns für den Wein, zum Erstaunen der Signora, die deutsch und Bier für unzertrennlich hält.

Für den alten Mann aus Prato, der die überkommenen Formen der toskanischen Landwirtschaft hochschätzt, ist unser Lob für seinen Rotwein ein Stichwort. Dario Pampalone machte seinen Wein und hätte weder gefragt noch ungefragt viel dazu sagen können. Unser neuer Gastgeber verdeutlicht mit vielen Gesten, was die alte Anbaumethode für Vorteile gegenüber den neuen, mechanisierten Weinbergen hat. Wenn der Weinstock an einer Pappel oder (wie hier) an einem Feldahorn gezogenwird, dann streckt er seine Ranken nach oben, der Sonne entgegen, die den ganzen Tag um ihn kreist und ihre Kraft dem Saft in den Trauben gibt. Wie anders die Weinstöcke in den *vigne nuove* (modernen Weinbergen)! Hier hängen die Trauben in Reihen, dicht über der Erde, an Drähten, die zwischen Pfosten gespannt sind. Sie haben nur Sonne von zwei Seiten, sie werden leichter krank und brauchen deshalb mehr Pflanzengifte.

«Wir kaufen die Trauben, nicht den Wein, den machen wir dann selbst», sagte der alte Mann. «Wir nehmen sie von einem, der noch die Weinstöcke nach der alten Art zieht, und wir kaufen die Ernte nur, wenn es ein gutes Jahr ist. In schlechten Jahren kaufen wir nichts. Wir füllen den Most in die Fässer. Dann wird alles gut verschlossen und mit Kitt verschmiert. Es sind alte Fässer aus Kastanienholz, nicht die neuen aus Zement, die sind natürlich praktischer, aber wirklich reif wird der Wein nur im

Holzfaß. Dann fängt er jedesmal bei Vollmond wieder an zu gären und Blasen zu werfen, bis er ganz fertig ist. Wenn dieser alte Mann, der noch die richtigen Weinstöcke hat, wenn der nicht mehr arbeiten kann, dann ist es aus damit. Es ist eine Schande, aber was will man machen?»

Wir müssen nach Hause. Ohne formelle Einladung zum Abendessen zu bleiben ist nicht üblich unter gebildeten Italienern. Wir bedanken uns noch vielmals für die chemiefreien Birnen und Tomaten. Übermorgen muß auch unser Gastgeber wieder zurück nach Prato, in seine Firma. Dann steht das Haus monatelang leer, mit seinen zwei Bädern, der Waschmaschine, dem Kühlschrank, mit Strom und fließendem Wasser, kurz mit allem, was die Pampalones gebraucht hätten, um hierzubleiben und diese Steppe mit Leben zu erfüllen. «Wenn der Weg nicht so weit wäre und soviel Verkehr auf den Straßen», sagt der Prateser, «ich möchte immer hier wohnen. Diese Luft! *Che aria pura!*»

Sequestrino und Riscattone

Unter der großen grünen Flanke des Monte Giovi sind wir an einem Aprilnachmittag bis San Martino gewandert, wo wir rasteten und aus dem Bambusgehölz unter der Kirche Wanderstöcke schnitten. Von dort wollten wir über das *podere* Belvedere zurückgehen. Als wir uns dem Hügel näherten, auf dem das stattliche alte Haus liegt, kamen uns mit wütendem Gebell fünf Hunde entgegen, zwei schwarze, zwei weiße von Wolfsgröße und ein kleiner, mischfarbiger, kläffender Spitz. Ich konnte nicht ausweichen und ging weiter. Unsere Tochter Anna klammerte sich an mein Bein und suchte es zwischen sich und die Angreifer zu bringen, was nicht gut gelingen wollte, die Köter waren zu viele. Sie plänkelten, es gab Scheinangriffe, doch keiner biß zu.

Auf dem Vorplatz oben sah ich eine Frau in einer weißen Schürze. An einer Eiche lehnte ein Mofa, Ciao, grün. «Dürfen wir weitergehen?» rief ich. «Ja, gerne», antwortete die Frau. «Sie müssen keine Angst vor den Hunden haben.» Sie kam uns ein wenig entgegen. «Zeig ihnen den Stock, wenn sie zu nahe kommen, Kind», sagte sie zu Anna. «Sie haben noch nie jemanden gebissen. Ich halte sie wegen der Jäger. Wenn jemand mit einem Gewehr kommt, sage ich nichts. Die haben noch nie jemanden gebissen. Das wissen alle, nur die Jäger nicht, und die sollen es auch nicht wissen. Neulich hat einer gesagt, ich müßte die Hunde einsperren. Aber ich denke nicht daran.»

Sie trug eine hellblaue Bluse und braune Strümpfe mit Sandalen. Graue Haare, in einer Pagenfrisur geschnitten. Das vielstimmige Dauergekläff löste sich in einzelnes Gebell auf, wie ein schlecht dirigierter Chor. Der Platz vor dem Haus war frisch gekiest. Schafsmist lag zwischen den weißen Steinen, ein kleiner Fiat stand im Schatten des Feigenbaums, drei Entlein machten lange Hälse. Ein bunter Zwerghahn stolzierte im Hintergrund; Gänse wackelten würdevoll an den Hunden vorbei, wie im Goldenen Zeitalter, als der Löwe neben dem Lamm schlief und sich die Menschen von Eicheln und wildem Honig nährten.

«Dieses Haus ist lange leergestanden», sagte ich. «Damals waren wir öfter hier. Es ist ein schöner Platz, die Aussicht wie sonst nirgends im Mugello. Wir sind Nachbarn. Mein Haus ist das nächste im Wald, in Richtung Pontavicchio.»

«Mitten im Wald? Ihr habt keinen elektrischen Strom. Wie macht ihr das, ohne Licht?»

«Kerzen, Petroleum. Man richtet sich ein!»

«Und das Wasser?»

Wir gehen am Haus vorbei. Aus einem Fenster klingt Klaviermusik.

«Ich gebe Musikunterricht», sagt sie. «Es ist gerade eine Schülerin da.»

«Kommen die Schüler aus Florenz?»

«Nein, aus Vicchio, aus Dicomano. Ich gebe den Unterricht umsonst. Man muß etwas für die Jugend tun. Mein Mann gibt Flötenstunden.»

Sie bot mir Wein an. Ich lehnte ab. Anna wollte ein Glas Wasser. Die Schülerin, ein achtzehnjähriges Mädchen in Jeans und einem Mickey-Mouse-Pullover (das grüne Mofa!), öffnete eine Glastür. «Hier war früher der Stall», sagte die Frau und führte uns durch das Klavierzimmer unter einem flämischen Kronleuchter hindurch in die Küche. Neben dem offenen Kamin der Bauern standen moderne elektrische Geräte. Die Spüle war in eine Granitplatte eingelassen. Auf dem Tisch ein großes Sieb voller *meringhe*, Plätzchen aus Eischaum und Zucker, von denen wir essen sollten.

Wir traten auf den Vorplatz. Nach langem Ringen hatte sich die Sonne gegen die Wolken durchgesetzt. Wie Mönche schritten die Zypressen zur verfallenen Kapelle von San Biagio hinauf. Man sah nach allen Seiten die grünen und blauen Hügel. Für jedes neue Haus in den Dörfern war ein Feld um die *poderi* an den Berghängen zugewuchert. Zedern und Fichten markierten die Villen mit ihren Alleen und Parks. Der Turm von Barbiana hielt die kleine Kirche in den Falten des Monte Giovi wie die

Stecknadel den Zettel, auf dem etwas steht, was nicht vergessen werden soll. Dort liegt Don Lorenzo Milani begraben, der für kurze Zeit den Söhnen der *mezzadri* eine Schule und eine Stimme gab.

«Als ich zum erstenmal hier war», sagte ich, «vor gut zwanzig Jahren, wohnte dort unten ein Hirt aus Salerno und weiter vorne ein *mezzadro*, der Dante hieß und schielte. Der Hirt meinte, das Haus hier sei nicht zu verkaufen.»

«25 Jahre war es unbewohnt», sagte die Frau. «Ich war lange in der Schweiz, in Lausanne. Meine beiden Söhne sind Ingenieure, der eine arbeitet in München am Patentamt, der andere in Kapstadt, in Südafrika. Mein Vater und der *padrone* hier waren Freunde. Ich habe alles gekauft, 65 Hektar Wald und Felder. Sehen Sie, dort hinten, das gelbe Haus, nicht das mit den Zypressen, gehört Deutschen, sehr sympathischen Menschen. Wo früher der Schäfer war, wohnt jetzt ein Professor aus Florenz. Seine Tochter hat einen Deutschen geheiratet, Mute, einen Soziologen. Sie besuchen mich oft, aber sie essen kein Fleisch.»

Mute, Mute, dachte ich – was mochte es für ein Name sein? Helmut?

«Der schwarze Hund dort», fuhr die Frau fort, «und der kleine hier sind von dem Sarden, der La Rena gekauft hat. Ich habe sie genommen, als er für acht Jahre ins Gefängnis mußte.»

«Wie das?»

«Sie wissen es nicht? Er war Mitglied in der *anonima sequestri*. Sie haben einen Mann aus Florenz entführt, einen älteren Herrn. Er wurde im Wald versteckt, irgendwo am Monte Giovi, in einem Erdloch, das von oben mit einer Plane zugedeckt war. Es war im März und noch sehr kalt. Als er krank wurde, haben sie ihn ermordet. Sie forderten zwei Milliarden Lösegeld. Erinnern Sie sich an den Sarden? Ein dicker Mann, der immer durch die Wälder ritt? Er hatte die Pferde, weil er das Essen hinaufbringen mußte. Er war der Fouragier der Entführerbande.»

«Acht Jahre sind wenig für einen Mord», sagte ich.

«Sie konnten ihm nicht alles nachweisen. Die *carabinieri* sind Idioten. Sie fahren mit dem Jeep die Straße entlang; die anderen sind längst mit den Pferden durch den Wald. Kein Polizist hat sich etwas dabei gedacht, daß dieser dicke Mann noch vor ein paar Jahren in Sardinien Schafe hütete und dann plötzlich eine Villa für 160 Millionen kaufte. Als er verurteilt war, fanden sie heraus, daß er ein Vermögen von zwei Milliarden Lire hatte. Sie kamen mit dem Helikopter und landeten hier. ‹Haben Sie ihn gekannt?› fragten sie. ‹Ich kenne ihn, weil ich ihn gesehen habe›, sagte ich. ‹Um jemanden wirklich zu kennen, muß man mit ihm leben.› Dann habe ich ihnen mein Adreßbuch gezeigt. Da stand sein Name, und daneben hatte ich, schon zwei Jahre, bevor alles aufkam, notiert: *anonima sequestri*. Die *carabinieri* haben sich halb totgelacht. Er war immer höflich zu mir. Aber man fühlt sich nicht beschützt von dieser Polizei. Neben einem Kerl wohnen, dem ein Menschenleben so wenig bedeutet! Um drei Uhr nachts bellten meine Hunde. Dann sind sie hochgeritten und haben das Essen hingebracht. Einer meiner Hunde ist damals verschwunden. Wahrscheinlich ist er ihnen nachgelaufen, und sie haben ihn erledigt. In der Schweiz war die Polizei da, wenn man sie brauchte, höfliche, intelligente Männer, die sich auf ihre Arbeit verstanden. Und hier? Sie machen großen Lärm und bringen nichts zustande. Die *carabinieri*, die Jäger, die *anonima sequestri* und das *mostro* (Monstrum): das sind die Landplagen hier.»

Das *mostro* ist ein geistesgestörter Verbrecher, der Liebespaaren an versteckten Parkplätzen auflauerte. Er hat im Umland von Florenz schon an die zwanzig Menschen ermordet. Eines der Opfer bediente in der Bahnhofsbar von Vicchio. Nackt und verstümmelt wurde es im Buschwerk an der Straße nach Dicomano aufgefunden, zusammen mit dem erschossenen Freund. Wir stehen in der Abendsonne auf dem grünen Hang über wohlbestellten Feldern, durchzogen von den *filari* der Weinreben. Belvedere, schöne Aussicht. Hier haben im Krieg Partisanen gekämpft. Hier hat die Entführer GmbH (so übersetze ich *anonima sequestri*) ihr lebendes Opfer in einer Grube gehalten und in einer anderen verscharrt.

Metallisch grau und rötlich schimmernde Wolken geben zögernd einen Fetzen Himmel frei. Nichts Böses scheint den Frieden zu stören und uns zu berühren.

«Gründen wir die Republik von San Martino», sagt die Frau neben mir. «Schaffen wir sie alle ab, die Jäger, das *mostro*, die *anonima sequestri*! So habe ich die beiden Hunde des Sarden aufgenommen. Die ersten Bürger der Republik. Keiner wollte sie haben. Sie sind wie die anderen. Sie bellen viel und beißen keinen. Niemand wußte, ob sie einen Namen hatten. Den kleinen nannte ich Sequestrino, den großen schwarzen Riscattone.»

Sequestrino ist das Entführerlein, Riscattone das große Lösegeld. Der Spitz schnüffelte nach der *meringha*, an der Anna knabberte. Sie zog meinen Kopf zu sich herunter, flüsterte «Arm, Arm» in mein Ohr. Von oben fütterte sie ihn mit Krümeln. Riscattone balgte sich indes mit anderen Hunden auf der Wiese. Über die Schafweide hinter dem Haus wanderten wir weiter. Der schwarze Rüde lief noch eine Weile hinter uns her, zuerst stumm, dann, als das Haus in die Ferne rückte, mit einer Gebärde des Verbellens.

Im Wald folgten wir einer Traktorspur, die sich zwischen den Edelkastanien auf dem Rückgrat des Hügels entlangschlängelt. Die Männer von La Rena, ihnen voran der dicke Sarde auf einem nicht minder wohlgenährten Pferd, kamen den Weg geritten, den wir jetzt gingen. Sie hielten an, überrascht, daß vor dem Haus Fremde in der Sonne saßen. Der Sarde sah gutmütig und ein wenig zu schmutzig aus für den *padrone* einer *villa*, als der er sich gleich zu erkennen gab. Der Wald unten am Bach gehöre ihm. Die anderen Männer, magerer, schwärzlicher, blieben stumm im Hintergrund. Keiner stieg ab. Der Sarde hatte sich das Recht gekauft, auf uns herunterzuschauen, zusammen mit der Villa, dem Wald und dem Bach.

Eine große Unordnung und Gefahr waren durch mein Land gezogen. Ich hatte nichts bemerkt. Ich hatte mich nicht gewappnet und nicht gekämpft. Wie um das nachzuholen, steigerte ich meine Beteiligung und geriet in die Rolle des Opfers, während ich, meine Tochter an der Hand, durch den lichten Wald schritt. Ich saß in einem Erdloch und raufte mit dem dicken Sarden. Ich packte ein abgeschnittenes Ohr aus einem Umschlag, weil ich das Lösegeld für Anna nicht aufgetrieben hatte. Acht Jahre Zuchthaus! Ich sah ihn in seiner Zelle. Er bereute nichts. Er saß und grübelte, wie er die Scharte auswetzen konnte. Die Organisation sorgte für ihre Banditen. Hier, in Vicchio, würde er sich hoffentlich nicht mehr blicken lassen. Seine Tarnung war verbrannt. Was von ihm blieb, waren Sequestrino, Riscattone und ihr Gebell, mit dem sie den Jägern entgegenliefen.

Ein hohler Baum

Manche Ereignisse sind auf den ersten Blick so ungewöhnlich, daß uns eine Wiederholung ausgeschlossen scheint. Wenn sie eintritt, bleibt die Neigung erhalten, auch ein zweites Mal den unberechenbaren Zufall wirken zu sehen. Erst das dritte Mal überzeugt. «Du mußt es dreimal sagen», belehrt Mephisto den Faust.

Schutz und Dunkelheit sind für viele Wesen dasselbe. Ihr Symbol in der Wildnis ist der hohle Baum. «Ein unglaublicher Zufall», dachte ich, als ich zum erstenmal eine tote Eule in der verwüsteten Küche fand. Flügel und Kralle hatten alles zu Boden gerissen, was nicht niet- und nagelfest war. «Schon wieder! Das gibt's doch gar nicht!» war meine Reaktion bei der zweiten Eule. Erst nach der dritten, einer Schleiereule mit flaumweichen Augenfedern, fühlte ich mich wie ein Mörder und beschloß, jeweils bei der Abreise im Herbst den offenen Kamin durch ein Blech zu verschließen.

Die Eule sieht eine schwarze Öffnung, die in eine dunkle Tiefe führt. Ein hohler Baum, was sonst! Sie verläßt im Morgengrauen ihre Zuflucht. Gewohnt, immer dort den freien Himmel zu finden, wo Licht schimmert, prallt sie gegen ein Fenster, ein Oberlicht, kann den Ausgang nicht finden, schleudert Gläser vom Regal, bis sie endlich stirbt.

Einem ähnlichen Mißverständnis über das Haus in der Macchia folgen die wilden Bienen «Ein unglaublicher Zufall», meinte ich wieder, als zum erstenmal der Raum zwischen Laden und Fensterscheiben mit Waben ausgefüllt war, über die ein dichter Pelz brauner Arbeiterinnen kroch. Im Zimmer stank es nach abgestandener Luft, durchmischt von Fäulnis. Ob verirrte Bienen hier verendeten oder die Lebenden sich ihrer Toten dadurch entledigten, daß sie diese aus dem Stock in das Zimmer hinter dem Glas beförderten? Der Ziegelboden war mit Insektenleichen bedeckt. Kein Hausbewohner hatte den Mut, das

Fenster zu öffnen und die unerwünschten Gäste zu vertreiben. Jeder Besucher wurde hingeführt, beobachtete im Licht einer Taschenlampe fasziniert das Gewimmel auf den wie Tropfsteine immer länger werdenden Waben, hörte das dumpfe Brausen des nimmermüden Flügelschlags, bis ihn die in der Augusthitze unerträgliche Mischung aus Schwüle, Dämmerung und Gestank vertrieb.

Was tun? Ich fragte einen Freund um Rat. Er ist Psychiater und leidenschaftlicher Hobby-Imker. Er gab mir einen Kopfschutz, Handschuhe mit langen, durch einen Gummizug verschlossenen Stulpen und einen Schwarmkasten aus Holz, den er benützte, um Völker einzufangen – halb so breit wie ein Bierträger, mit einem Deckel oben und einem Flugloch unten, das durch einen blauen Stern markiert war. «Wenn du die Königin erwischst, hast du ein eigenes Volk und kannst dir später einen richtigen Bienenkasten mit Aufsatz kaufen», erläuterte er.

Ich kratzte, von einer brausenden Wolke eingehüllt, die Waben aus der Fensterlaibung. Dank der Bienenbrille, der Stulpenhandschuhe und der gelben Regenhaut wurde ich nicht gestochen. Ich stopfte meine Beute in den Schwarmkasten, so gut es ging, und stellte ihn hinter der *capanna* zwischen die Oliven, mitten in ein dichtes Brombeergestrüpp. Die wild ausschwärmenden Bienen verschwanden vom Haus. Offensichtlich hatte ich die Königin erwischt. Als ich im nächsten Jahr wiederkam, war das Volk verschwunden. Eine Handvoll schwarzer Staub war geblieben. Offensichtlich gab es Totengräber, die sich des untergegangenen Bienenstaates angenommen hatten.

In «Meyers Konversationslexikon» von 1898, dessen 24 goldgeprägte Lederrücken den Grundstock der Wildnis-Datenbank bilden, fand ich den Hinweis, daß Bienenvölker mit einem Gewicht von unter zehn Kilo nicht über den Winter kommen. Ich fand den Gedanken bewundernswert, einfach nach Gewicht zu entscheiden. Ähnlich sollen weichherzige Bewohner der Vorstädte einen Igel wiegen, den sie im Herbst finden. Ist er leichter als achthundert Gramm, darf er nicht in den Winterschlaf, sondern muß vorher gemästet werden. Obwohl ich keinen Imker kannte, der mir ein Bienenvolk abgenommen hätte, fühlte ich mich schuldig. Wer mit Bienen zu tun hat, geht mit so vielen Leben auf einmal um, daß es ihm schwerfällt, gleichgültig zu bleiben.

So wollte ich beim nächsten Schwarm, der sich ansiedelte, die Bienen nur vertreiben, nicht umquartieren. Sie sollten sich einen neuen hohlen Baum suchen. Hauptmieter in Kastanie oder Eiche, keine argwöhnisch beobachteten Untermieter zwischen Glas und Holz. Ich vernachlässigte meine Ausrüstung. Keine Stulpenhandschuhe, keine Regenhaut. Eine alte Bienenbrille wie die Maske eines Fechters. Arbeitshandschuhe, welche die Handgelenke entblößt ließen. Kein Möchtegern-Imker mehr, sondern ein primitiver Jäger, der mit dem Rauch des Feuers die Bienen vertreibt und wilden Honig aus schweren Waben saugt.

In dem großen Zimmer, das die Bienen diesmal unbewohnbar gemacht hatten, wäre ich fast über ein leeres Bettgestell gestolpert. Es war am Tag vor Ferragosto (15. August), die Sonne stand schon hoch am Himmel. Ich fing an zu schwitzen, bevor ich überhaupt angefangen hatte, mich mit den Bienen zu befassen. Im Glas sah ich, wie einen Schnitt durch das Gehirn, die an die Scheiben geklebten Waben, innen weiß, außen gelblich, von «Ausdünstungen der Bienen» (so das Konversationslexikon) gefärbt. Ich packte den Fenstergriff, öffnete den Riegel und zog kräftig. Einen Augenblick lang fürchtete ich, die von den Arbeiterinnen erbauten Wachsbrücken seien so stark, daß die Scheibe zerbrechen oder aus dem Rahmen gerissen werden könnte. Dann gab der Flügel nach, Bruchstücke von Waben klatschten auf den Boden, wäßriger Honig breitete sich in Lachen aus wie Blut um einen Erschlagenen.

Mit dem Spachtel machte ich mich daran, die Waben von dem Fenster, der Laibung, dem Laden zu kratzen und möglichst weit nach draußen zu schleudern. Eine dicke Schicht brauner Leiber sammelte sich rasch auf jeder Schnittstelle. Ich wollte alles so schnell wie möglich erledigen. Plötzlich ein stechender Schmerz im linken Handgelenk. Ich floh und zog zwei Stacheln aus der Haut.

In meiner Arbeitswut achtete ich nicht weiter darauf. Bienenstiche erinnerte ich aus meiner Kindheit als heftigen, rasch vorübergehenden Reiz. Ich wickelte Binden um die bedrohten Handgelenke und arbeitete weiter. Endlich waren die Waben entfernt. Aber die Bienen blieben, durchsuchten summend den Raum. Ich holte einen alten Topf, füllte ihn mit Papier, Pinienzapfen, morschem Holz und zündete alles an. Das Zimmer füllte sich mit beißendem Rauch. Die Bienen zogen sich zurück, blieben aber hartnäckig am Fensterladen.

Ich war in Schweiß gebadet. Der linke Handrücken schmerzte. Mit einem Schrei ließ ich den Besen fallen, der die Bienen vom Fußboden fegen sollte. Eine Arbeiterin hatte mich in den kleinen Finger gestochen. Ich ging durch den Wald zum Bach, um mich und meine Wunden zu kühlen. Ich fühlte mich noch von den Stichen kaum belästigt, schnitt den Weg mit der Gartenschere von Brombeerranken und Schlehenzweigen frei, blieb lange in dem kühlen Wasser liegen. Am Abend wußte ich, es wäre klüger gewesen, die zerstochenen Hände ruhigzustellen. Meine linke Hand wurde dicker und unbeweglicher, ein Ödem kroch zu den Knöcheln, bis sie unter der geschwollenen Haut verschwanden.

Immer wieder lief ich zu den Bienen. Sie hielten die Stellung, summten über den Waben, die am Boden lagen, ein Pelz wuchs auf den Fensterläden. Ich rieb mein juckendes Gelenk, die Hand war kaum mehr zu gebrauchen, mein eigener Körper kam mir fremd vor. Draußen schwirrten einige tausend Bienen. Zwei Stiche hatten genügt, mir den Arm zu lähmen. Wollten sie denn nie aufbrechen? Ich hatte meine Rüstung abgelegt. Sie schützte mich nicht. Sie verführte mich eher, der Gefahr zu nahe zu kommen. Ich fühlte mich nicht mehr als Hausherr, der die unerwünschten Bienen ausquartiert, sondern als Opfer, als Störenfried, der froh sein muß, wenn sein Gegner nur einen kleinen Teil der Kampfkraft gegen ihn einsetzt, die ihm zur Verfügung steht.

Ich hoffte auf die Nacht. Das Ödem würde verschwinden. Die Bienen würden sich davonmachen. Sie konnten hier nicht mehr wohnen. Der abgeschlossene, dunkle Raum zwischen Holz und Glas war offen, hell. Lange hielt mich der pochende Schmerz wach. An der anderen Hand schmerzte nur der kleine Finger; er war prall wie eine Wurst, ließ sich nicht mehr biegen, doch schien das Gift sich in ihm zu konzentrieren, breitete sich nicht aus wie vom linken Handgelenk her. «Bienengift ist konzentrierte Ameisensäure», stand im alten «Meyer». «Man entfernt den Stachel, drückt die Einstichstelle aus, bis ein Blutstropfen erscheint, und reibt den betroffenen Körperteil mit Ammoniaklösung ein, welche die Ameisensäure neutralisiert.»

Das Pharmakologielehrbuch von 1966 widersprach: Bienengift enthält vor allem Serotonin.

Die Bienen indes krochen auch den ganzen nächsten Tag auf dem Fensterladen herum. Sie konzentrierten sich zu einer Strähne, die wie eine zähe Flüssigkeit an den Brettern herunterlief und sich unten zu einem Tropfen sammelte. Ich fand mich in meine Invalidität, wickelte Bandagen um die Ödeme und kühlte sie, indem ich den Arm in einen Eimer mit Zisternenwasser tauchte, schluckte zwei Aspirin. Zwischendurch schaute ich zu den Bienen, die keine Anstalten machten, sich zu verziehen.

Ich hatte angenommen, daß sie den Verlust ihrer Heimat beantworten würden wie ein Bienenschwarm, der Arbeitsbienen aussendet (Spurbienen, Quartiermacher), die einen geeigneten hohlen Baum suchen. Aber ich wußte nicht, ob sie das taten. Vielleicht fingen sie, trotz der ungemütlichen Öffnung, in ihrer Verzweiflung wieder an der alten Stelle zu bauen an, und der Ärger ging von vorne los? Oder sie taten gar nichts, blieben demoralisiert und vorwurfsvoll sitzen, bis sie verhungerten? Die Biene Maja. Bonsels Roman und der japanische Zeichentrickfilm. Die Drohnenschlacht. Hornissenüberfälle. Honigdiebstahl von Stock zu Stock. Die Königin legt Eier in Weiselzellen, aus denen neue Königinnen schlüpfen, die sie töten oder vertreiben. Im Mittelalter warf man Bienenkörbe über die Stadtmauer: zehntausend Giftstacheln gegen Speere und Schwerter. Kein Tier könnte einem entschlossenen Bienenschwarm standhalten. Bären vielleicht, die ihr dickes Fell schützen mag? Bienen sprechen nicht miteinander. Sie verständigen sich durch Tänze und vor allem durch Geruchsstoffe, Pheromone. Vielleicht sammeln sie sich deshalb in dieser Traube, die an dem Fensterladen hängt?

«Wollen die Bienen nach Auszug des Vorschwarms nicht mehr schwärmen», schreibt der Autor im «Meyer», «so lassen sie, sobald eine junge Königin ausgeschlüpft ist, die übrigen Weiselzellen von derselben verletzen, um dann das Zerstörungswerk zu vollenden. Will ein Volk nach Abgang des Erstschwarms noch Schwärme abgeben, so bleiben die Weiselzellen unversehrt stehen, und die erste Königin, welche die Zelle verläßt, bringt sofort Töne hervor, die wie ‹tüht, tüht› klingen. Wird inzwischen noch eine Königin flügge, so beißt sie den Deckel ihrer Zelle teilweise ab und bringt Töne hervor, die wie ‹quah, quah› klingen, da die Zellenwände die Tonwellen hemmen. Weil zwischen zwei freien Königinnen sofort ein Kampf auf Leben und Tod entbrennen würde, so verläßt die quakende Königin ihre Zelle nicht. Erst wenn die freie Königin mit einem Teil des Volkes als Schwarm auszieht, schlüpft eine quakende Königin aus und fängt an zu ‹tühten›, weshalb die übrigen Königinnen, weil sie wieder eine Nebenbuhlerin frei wissen, in ihren Zellen bleiben und sich von den Arbeitsbienen durch die Ritzen ihrer Zellen füttern lassen. Ist abermals eine freie Königin mit einem Schwarm ausgezogen, so wiederholt sich der eben beschriebene Vorgang, bis endlich die noch quakenden Königinnen getötet werden, so daß die freie nun Alleinherrscherin bleibt.»

«Wollen die Bienen!» – «Will ein Volk!» Wie entsteht der Volkswille? Die Königin bestimmt durch Duftstoffe, was die Arbeiterinnen tun. Und was veranlaßt die Königin zu tun, was ihrem Interesse widerspricht? Zum Beispiel, ihre Mörder zu gebären? Ob die Arbeiterinnen ein Mitduftstoffproduktionsrecht haben? Ob am Ende ein Geruchskonsens gefunden wird?

Beim Abendspaziergang fängt der linke Arm an, heftig zu schmerzen. Ich gehe früh zu Bett. Am Morgen ist es etwas besser, der kleine Finger hat wieder normale Proportionen, ich kann ihn abbiegen. Nach dem Frühstück gehe ich wieder zu den Bienen. Unverändert? Nein, die Traube hängt endlich ganz in sich gesammelt da. Mehr Bienen als gestern sind in der Luft, umkreisen den Klumpen. Wollen sie aufbrechen? Ich kann es kaum glauben. Die Traube schmilzt sichtlich. Der Himmel ist von den durcheinanderschießenden Insekten zerteilt wie ein Schnittmusterbogen. Bienenketten tropfen vom Fensterladen, lösen sich auf. Nur noch der verdunkelte Blick. Plötzlich mit einem Schlag Stille. Keine Biene mehr. Fenster und Holzladen tragen noch die Spuren der Waben. Alle Bewohner sind fort. Ich spähe ins Tal. Vielleicht kann ich irgendwo beobachten, wie der Schwarm sich wieder sammelt, seine neue Wohnung bezieht? Die Morgensonne auf Bäumen, Blätter und ein kreisender Bussard – sonst nichts.

Die Lichter der Ebene

(1987)

Nach vier Stunden Autobahnfahrt zweige ich ab, ein schneller Entschluß gegen den zähen Widerstand, sich weiterzupeitschen zum Ziel, in jenem Dauerbrummen des Motors, dessen Druck und Anspannung ich wahrnehme, sobald ich den Fuß vom Gaspedal nehme. Die Landschaft scheint innezuhalten, mich aufzufangen wie eine elastische Wand. Ich will das Kastell von Avio sehen. Zwischen Trient und Verona liegt es in der Flanke des Tals. «Sehen» habe ich geschrieben, obwohl ich den Ort gewiß schon einige Dutzend Male sah. Aber ich habe die Burg noch nicht besucht, noch nie den Zwang unterbrochen, der mich immer vorbeitrieb und sie in einen Strom von Landschaft einbettete, die an mir vorüberzog wie das Wasser an einem Schiff. Jetzt will ich über Bord springen.

Das Kastell von Avio habe ich jetzt nicht nur gesehen, sondern auch besichtigt, was zweitausend Lire kostet. Von der Autobahn aus, die den grünen Fluß bald rechts, bald links liegen läßt, überblickte ich es noch. Der neue Parkplatz unter den Mauern ist so angelegt, daß ihn die Wucht der Türme schier erdrückt. Wenn ich nicht selbst am Steuer saß und es nur aus den Augenwinkeln, mit jenen ruckartigen, dem Trinken eines Huhns vergleichbaren Bewegungen verfolgte, wie sie das Verschlucken der Straße vom Chauffeur verlangt, habe ich es wie auf einer Kamerafahrt verfolgt, einen großen, grünen Garten mit wohlgeordneten Terrassen unter den Hauptgebäuden, von der hohen Ringmauer beschützt. In diesem Talgrund, in den Schienen und geteerte Straßen schneiden, schien mir das wehrhafte Gebäude moderner als die verletzlichen Villen der venezianischen Edlen.

Auf dem Parkplatz war niemand außer einem jungen Mann, der in einem grünen Lieferwagen seinen Mittagsschlaf hielt. Aus einem verzinkten Rohr, gekrümmt wie der Stab eines Abts, peitschte Wasser in einen ausgehöhlten Kiefernstamm. Durch den grasigen Hang zogen die Spuren von Geländemotorrädern. Späher des Feindes, immer auf der Flucht vor dem Staub und Gestank, die sie hinter sich lassen. Das Dorf Sabbionara lag unter dem Kastell wie Rebhuhnküken unter einem weißen, großen Huhn. Wo die alten Häuser endeten, begann ein hartes Rot. Noch weiter vom Ortskern entfernt, tauchten, unförmig aufgebläht und geometrisch gezügelt, die Gebäude des Industriegebiets auf. Auf dem Weg zur Burg glänzte ein Flußkiesel des Katzenkopfpflasters pechschwarz in der Sonne. Obsidian, vulkanisches Glas, aus dem unsere Ahnen vor zehntausend Jahren ihre Werkzeuge schufen. Eine Axt aus Eisen, sagt Claude Lévi-Strauss, ist nicht kunstvoller gemacht als eine Axt aus Obsidian. Aber Eisen ist etwas anderes als Feuerstein. Das Werkzeug formt die Hand, wie die Hand das Werkzeug, und beide formen, nach rückwärts und vorwärts ausgreifend, den Geist. Größere, unüberschaubare, rücksichtslose Abhängigkeiten der Menschen untereinander linderten die Abhängigkeit von der Natur. Gegenwärtig scheint es mir, die Axt aus Obsidian wäre besser gewesen. Sie hätte uns, weniger wirksam, davor bewahrt, die Wälder abzuholzen und die wilden Tiere auszurotten.

Auf der Suche nach einer Worterklärung habe ich mich gestern in «Meyers Konversationslexikon» festgelesen. Dort war im Artikel über Afrika von der geistigen Minderwertigkeit der Eingeborenen die Rede. Sie sei daran erkennbar, daß sie weder Kiel noch Segel erfunden hätten. Einbäume allein, freilich sehr große, seien ihre Wasserfahrzeuge. Auch ich hätte Kiel und Segel, Holzplanken auf einem gezimmerten Gerippe nicht erfunden. Nicht einmal einen Einbaum könnte ich machen. Wahrscheinlich würde ich nicht lange überleben an den Ufern von Sambesi und Niger. Aber ich kann die Urheber solcher Urteile geistig minderwertig finden, das macht mir nicht viel Mühe. Sie wissen wenig, und aus diesem wenigen ziehen sie falsche Schlüsse. Das Verhängnis unserer Kultur liegt darin, daß sie am wenigsten zustande bringt, was sie am meisten bräuchte und sich auch vorspiegelt, als Basis und Baustein zu besitzen: den mündigen einzelnen. Sie schafft eine Ameise, die sich jeder Grille überlegen dünkt, weil sie in einem mächtigeren Ganzen steckt und sich einbildet, dieses Ganze verkörpere sich in ihr. Wie ein Kind mit Stock und Hut des Vaters glaubt, dieser zu sein, so urteilt der Afrikakundige von 1898, als hätte er selbst Mast und Kiel erfunden, Beethovens Symphonien komponiert und schon im Mutterleib mit Messer und Gabel gegessen.

Napoleons Soldaten konnten die Freiheitskämpfer in Tirol noch mit Felslawinen bekämpfen, die sie auf deren Anmarschwege herabließen. Aber die Touristen? Den internationalen Reiseverkehr, der Devisen ins Land bringt? Sachzwänge überall. Wenn die Wälder an den Talflanken tot sind und die Muren jeden Frühling die Verkehrsadern am Brenner zuschütten wie das Gerinnsel aus Blut und Fett die Arterie, wird man den Bannwald aus Fertigbetonteilen pflanzen. Die heimische Industrie verdient mehr daran, und die Skifahrer haben ohnehin gelernt, von allem abzusehen, was rechts oder links neben ihrer Piste ist. Der Warner wird ein Gefühl von Sinnlosigkeit seiner Mühen so wenig loswerden wie das Schaf eine Klette. Zuerst will ihm niemand zuhören. Was wollen Sie? Die Wälder schauen doch noch ganz gesund aus! Und später muß ihm keiner mehr zuhören, denn es ist, wie er selbst einsieht, bedauerlicherweise zu spät.

Das Wort, nach dessen Etymologie ich in dem alten «Meyer» suchte, wobei mich «Afrika» aufhielt, ist «absurd». Zur Tanzstundenzeit habe ich «Der Mythos von Sisyphos» gelesen. Der Untertitel des Taschenbuchs aus Rowohlts Deutscher Enzyklopädie lautete: «Ein Versuch über das Absurde». Was absurd bedeutet, war meiner Erinnerung nach darin nicht beschrieben. Ab surdo, von einem Tauben, von jemandem, der die eigene Stimme nicht hört, kamen (zumindest ehe es die Gehörlosenschulen gab) unsinnige Laute. Ad absurdum führen heißt, die Sinnlosigkeit einer Aussage beweisen.

Vermutlich ist die Geschichte vom Frevel des korinthischen Königs erfunden, um ein heiliges Bild zu erklären, das den Sonnenheros darstellte, der die Scheibe, die unser Leben beherrscht, zum Wendepunkt der Tag- und Nachtgleiche rollt, wo sie einen Augenblick in der Schwebe verharrt, ehe sie in den Winter stürzt oder zum Sommer emporsteigt. Sisyphos ist nicht absurder als das menschliche Leben selbst, nach dessen Sinn zu fragen vermessen ist. Wer fragt nach dem Sinn des Lebens der Regenwälder, der Kraken und leuchtenden Fische der Tiefsee? Der Sinn des Lebens liegt im Überleben. Wo die Frage nicht beantwortet werden kann, gilt es, den Fragenden zu erhalten.

Nicht den Marmor, mich selbst bewege ich, ruhelos zwischen der großen Stadt und der toskanischen Idylle. Was mich physisch antreibt, ist genau zu sagen: Luftsauerstoff, Benzin, bleifrei, normal, ein 1,3-Liter-Motor, obengesteuert, in einem Suzuki-Geländewagen, den die Werbestrategen der japanischen Firma demnächst auch in Deutschland «Samurai» nennen werden. Jedesmal gibt es Augenblicke, in denen ich mir sage, es sei verrückt, daß ich mich wieder auf den Weg gemacht habe, daß ich in diesem Strom mitschwimme, der sich durch Alpen und Poebene frißt, der keine Wasserscheide, keine Quelle und Mündung kennt. Wie die Verdammten in Dantes Höllenreise kreist er ohne Anfang und Ende, Heuschreckenschwärme, vom Wind herumgewirbelte Blätter. Alte Bauernhäuser, vom Staub abgeriebener Pneus geblendet, denen die Autobahn Feld und Obstgarten zerschnitt. Balkone, auf denen sich nur Taube wohl fühlen. Hurra, wir kommen und rollen den Lärmteppich durch das Tal – freut ihr euch etwa nicht? Wie ein Tausendfüßler läuft die Autobahn über Eisack und Etsch, unter den Bergbauernhöfen mit ihren blühenden Obstbäumen. Der Blick schweift über die Hänge, hält sich fest an den goldenen Tupfen der Forsythien und an den Häusern in ihren Mänteln aus altersdunklem Holz. Im Schutz dieser Loggia, unter diesem Kirschbaum, auf jener weinumrankten Terrasse ließe sich's gut sein, wenn nicht meinesgleichen wäre! Weil ich keine der Oasen gewinnen kann, die an mir vorbeiziehen, reihe ich sie sinnlos aneinander.

Als Azzone Castelbarco im 18. Jahrhundert seine Burg baute, sah das Tal nicht viel anders aus als zur Zeit der Postkutschen, mit denen Goethe zu seiner italienischen Reise aufbrach. Tier und Mensch waren die Herren, Räder, Holz, Eisen und Stein die Diener. Die Maschinen haben das auf den Kopf gestellt. Die Autobahn ist eine riesige Kultstätte für den heiligen Sachzwang. Tier- und Pflanzenopfer werden gebracht, ganze Arten auf diesem Altar verbrannt. Der Maschinenzwang ist die Cäsarenreligion. Ihm muß jeder opfern, auch der Samurai und die Ritter-Sport-Schokolade, quadratisch, praktisch, gut. Die alten Kulte bestehen in seinem Schatten fort; neben den Zündkerzen und Glühkerzen gibt es noch Wachslichter, die vor den Bildern der Gottesmutter und des heiligen Antonius flackern. Allmählich werden auch sie durch elektrische Lämpchen ersetzt, die einschalten darf, wer eine Münze in den Opferstock wirft.

Ich überhole einen Lastzug. Weiße, kubische Behälter fahren auf einer eisernen Pritsche. Drinnen sind Fische, ein Aufdruck verrät es. So reisen sie in einem viereckigen Tank von einem viereckigen Teich in den nächsten. Nur der Teller ist noch rund, auf dem sie enden.

In einer langen Reihe buntbedruckter holländischer Schwertransporter rumpeln Schweine nach Süden, in offenen Käfigen, vier Stockwerke übereinander, resignierte Rüssel zwischen Gitterstäben, wie Busreisende. Mit Importen aus Sojaplantagen und Fischmehlfabriken der Entwicklungsländer in den Tierfabriken bei Amsterdam vorgemästet, sollen sie in Parma den Kernspeck ansetzen, der den Schinken so begehrenswert macht.

Die Autobahn führt durch die Hinterhöfe und Müllkippen der Industriewelt. Wo der Lärm wütet und der Staub alles mit einer zähen Schicht überzieht, schwindet jede Rücksicht. Eine Villa südlich von Trient kämpft mit einem tapfer erneuerten Anstrich und einer Reihe dichtgepflanzter Zypressen unerschrocken gegen den Feind, in dessen Heer ich mitmarschiere. Ich denke mich in den Bewohner eines solchen Hauses hinein, der plötzlich erfährt, daß die Autobahn durch seinen Vorgarten ziehen wird. Wie er erst nicht daran glauben will, wie er um Entschädigung feilscht und mit Sachzwängen gefüttert wird. Endlich sieht er die Baustelle nahen. Sie zieht vorbei, eine Weile ist Ruhe, wie im Auge des Wirbelsturms. Die Bahn ist fertig, das Teilstück noch nicht für den Verkehr geöffnet. Und dann, plötzlich, an einem Tag, wo der Verkehrsminister unter stolzen Reden die Schere zückt, das Band durchschneidet, bricht irgendwo, weit flußaufwärts, der Damm, ein Strom von Lärm, der nicht mehr endet, eine Schleppe von Staub und Abgasen zieht unaufhörlich durch das Tal, zum Greifen nahe, betäubend. Wenn es einmal still wird, horcht man auf – ein Stau? Ein Unfall? Gartenarbeit mit Ohrschützern und Fenster aus doppelt verdicktem Glas. Wir säen Ruß und Blei über die Apfelplantagen, gesundes Obst aus Südtirol.

Die Festungen der Österreicher an der Veroneser Klause verfallen. Die Berge sind voller Schießscharten, hinter denen nichts mehr droht. Weshalb hat sie noch kein *fondo per l'ambiente* entdeckt und restauriert wie das Kastell von Avio? Sind die Kriege zwischen den Habsburgern und dem Königreich Italien noch in so lebhafter Erinnerung, daß die Mauern des Feindes Regen und Wind preisgegeben werden? Grenzbefestigungen, die niemand mehr braucht, Symbol dafür, daß nichts schneller veraltet als Waffe und Rüstung. Europas Frieden ist bedeutungslos geworden. Es zerstört sich selbst. Der Pelikan, der sich tagsüber in die Brust hackt, um seine Kinder mit dem eigenen Blut zu atzen, wird nachts zum Vampir, der den lieben Kleinen die Zähne in die Halsschlagader bohrt. Wir können die Welt nichts mehr lehren, nicht einmal, wie sie vergessen kann, was wir ihr beibrachten. Die Voralpen Veronas sind von Steinbrüchen zernagt. Sisyphos ist heute ein Schwerlaster, der den Marmorblock auf seinem Rücken trägt. *Pollo arena*, das Huhn, das aus dem Amphitheater kommt, Massenhaltung überall. Es kostet auch in Borgo San Lorenzo nur halb soviel wie ein *pollo ruspante*, ein knochiges Kratzhuhn. Kiesgruben, Diskotheken, ein Zoo, der Dinosaurier aus Zement neben der Autobahn für sich werben läßt, Raststätten mit 24 Stunden Grilldienst, Petroleumraffinerien und eine Fabrik, in der Teermaschinen hergestellt werden. Wie sich Geröll fächerförmig ausbreitet, wo ein Sturzbachgraben die Ebene trifft, füllen Lagerhäuser, Tanks, Umspannwerke und Werkhallen die Mündung des Etschtals. Pappelsoldaten bewachen den großen Fluß – Zündholzfutter, Papierbrei, Zellstoff. Vor Modena die Textilindustrie, Fontana und Pignatti, Reisfelder. Ein künstlicher Teich für Angler, die neben der *autostrada* auf Klappstühlen sitzen. Baumskelette in einem Sumpf, an dessen Rand ein Planwagen steht; jemand wollte den Wilden Westen in die Poebene versetzen. Große Scheunen, aus roten Ziegeln gebaut, durch deren offene Bögen man Rollen goldenen Strohs sieht, aufeinandergeschichtet wie Säulentrommeln.

Die Poebene atmet eine große Ruhe. Das weite, flache Land, das schon von den Römern kultiviert wurde, tritt der Autobahn mit mehr Würde und Berechnung entgegen als das Etschtal, wie ein chinesischer Mandarin, der die Manieren des Kolonialoffiziers beklagenswert findet, auch wenn er der überlegenen Gewalt weicht. Die Bauern haben so wenig Land wie nur möglich abgegeben. Mit den schweren Traktoren, die auf rasselnden Ketten Tiefpflüge durch die fruchtbaren Schwemmböden ziehen, warten sie insgeheim darauf, auch Asphalt und Beton wieder unterzupflügen, Luzerne, Mais oder Weizen auf den wiedergewonnenen Acker zu säen.

Der Campanile von Modena, eine Nadel aus weißem Marmor, blitzt einen Augenblick zwischen den Ansiedlungen japanischer und deutscher Firmen. Die Brennerstrecke mündet in die Autostrada del Sole. In einem Flaschenhals werden hier die Strömungen aus Norden und Osten zusammengedrängt. Vom Sankt Gotthard, Mailand und Turin rollen die Industriegüter in den Süden, Autos von Austin und Fiat, Zement und Melkmaschinen. Die Brummis reihen sich wie Elefanten im Zirkus, die jeweils mit dem Rüssel den Schwanz des Vorgängers halten. Jeder drängt nach vorne, wird von hinten bedrängt. Sprungbereit, den Tiger im Tank, hängen sie aneinander, Alfas, BMWs und Mercedes, als gelte es, sich vor zwei Gefahren gleichzeitig zu schützen: dem Nachdenken über den Sinn des Ganzen, das durch Muße entstehen könnte, und dem Unfall, den ein winziger Mangel der Konzentration verursacht. Weil er sich als Herr der Maschine beweisen muß, der sein Auto bis zu den Grenzen seiner Leistungsfähigkeit beansprucht, wird der «sportliche» Fahrer ihr doppelter Sklave: er dient ihr unter der Drohung von Schmerz und Tod, und er darf nicht wissen, daß er es tut.

Hinter Bergen aus gemahlenem Glas, die in der Sonne glitzern, eine Flaschenfabrik. In einem großen Kasten mit sonnenbrillenhaft getönten Scheiben werden Kacheln und Fliesen vermarktet, daneben, Minuten später, lagern eiserne Pfähle in allen Krümmungen und Größen, vom Torpfosten bis zum Laternenmast. Eine Brauerei stellt wie in einer Vitrine den Sudkessel aus, als spräche die im Vorbeifahren sichtbare Politur des Kupfers für die Reinheit des Inhalts: Prinz-Bräu. Könige brauen Bier, Senatoren und Admiräle verkaufen Autos. In Bologna reichen die Vorstädte dicht an die Schnellstraße. Autofenster und Schlafzimmerfenster rücken so dicht zusammen, daß man sich im Stau gemütlich unterhalten könnte, vorausgesetzt, man hätte sich etwas zu sagen.

Die *autostrada* taucht unter der gläsernen Brücke eines Motta-Restaurants in den Apennin wie ein Schwimmer in einen Waldsee. Sie folgt dem kiesigen Bett des Reno, in dem der Fluß sein graues Wasser hin und her wälzt. Häuser und Gärten im Schatten hoher Sandsteinufer, *moderare la velocità*. Bald wird das Tal zu eng, über Viadukte stürzt sich die Straße ins Gebirge, rennt auf Stelzen, gräbt den Maulwurfsgang durch einen Hügel. Sasso Marconi, Pian del Voglio, Roncobilaccio und endlich Barberino di Mugello, wo meine zweite Heimat beginnt. Die Fahrt wird zum Alptraum, jede Spur kämpft gegen die andere, die Fernlaster hüllen sich in Rußwolken und mißachten die Überholverbote, Schweine im *rolling home* ziehen an Alteisen und Kies vorbei, ein weißer Lancia verbeißt sich in meine Stoßstange.

In den Alpentälern und in der weiten Ebene sah ich kaum ein verlassenes Gehöft. Hier aber sind die Steinhäuser oft leer, Schlehengebüsch greift nach den Feldern, brechende Dachbalken haben die Ziegel in das Innere der Ruine gerissen, eine Reihe bleibt, wie gesträubte Schuppen eines Drachen. Andere Bauernhäuser warten auf die Wochenendgäste, die verschlossene Fensterläden und den Sonnenschirm öffnen, der die weißlackierte Sitzgruppe auf der Tenne beschützt. Hier kräht kein Hahn mehr, die Rufe sind verstummt, denen die weißen Ochsen vor dem Pflug gehorchten, die Obstbäume ersticken unter dem zähen Vormarsch von Ginster und Waldrebe.

Die Paßhöhe liegt bei 760 Metern. Sie hat keinen Namen wie der alte Paß, La Futa. In Barberino kassiert ein freundlicher alter Mann. Während auf der Brennertrasse die Autos nach Hubraum klassifiziert werden, geht es hier nach der Länge: vom Hohlmaß zur Geometrie. Das Mugello ist ein großes Becken, von Hügeln gerahmt.

Am Haus eines Hintersassen der Villa von Caffaggiolo hängt noch die Walrippe, die der Pflug vor vielen Jahren aus der Erde riß. So lang wie der Mast einer Jolle, vom Straßenstaub bedeckt, in der Mitte gesplittert, zeugt dieser Knochen dafür, daß die Schüssel des Mugello einst mit Salzwasser gefüllt war. Einem abergläubischeren Jahrhundert galt er als Rippe eines Riesen, wie ihn die Ritter der Tafelrunde erschlugen. Mächtige Lungen und ein großes Herz hat dieser Sparren umfangen. Was mag es für ein Wal gewesen sein? Ein Bartenträger, der Krebse aus dem Wasser seihte, oder ein Zahnwal, der unter den Mais- und Sonnenblumenfeldern nach den Kalamaren der Tiefsee jagte? In ein paar Jahren wird das Fossil aus dem verschollenen Meer dem Stausee von Bilancino gegenüberhängen.

Ich will, so rasch es geht, auf meinen Hügel. «*Vicchio. Commune denuclearizzato che opera per la pace.*» Ich bin froh über das pathetische Ortsschild, das meine Gemeinde zur atomwaffenfreie Zone erklärt, als könnte nicht durch eine Bombe sterben, wer selbst keine Bomben lagert. Der Trost, eigene Überzeugungen vorzufinden, mischt sich mit der Erleichterung, heil angekommen zu sein. Ob die Tür unbeschädigt ist? Der Waldweg passierbar, das Dach noch dicht? Ob die Nußbäume ausgetrieben haben, die Lilien schon blühen, die Narzissen noch? Und die Schlehen? Es dämmert, als wir die Sieve überqueren. Die Staubstraße ist in besserem Zustand als letztes Jahr, jemand hat die Schlaglöcher gefüllt. Nach dem Gewühl der *autostrada*, nach der belebten Ebene mit den Bars im Neonlicht und dem Motorenlärm ist es hier sehr still. Der Kies knirscht unter den Rädern, die Karosserie ächzt unter den Stößen der Bodenwellen. Ich muß mich beeilen. Im Wald dämmert es früh. Die Seitenwand der Kirche von San Pier Maggiore war letztes Jahr eingestürzt. Jetzt ist sie repariert, ein Fleck Zementgrau im alten, sandfarbenen Putz. Beim nächsten Haus sehe ich den *mezzadro*, Signor Parrini. Ich winke. Er geht langsam weiter, in der Hüfte gebeugt, blickt mit ausdruckslosem Gesicht. Wahrscheinlich erkennt er mich nicht, das Auto ist ihm fremd. Ich müßte anhalten und mit ihm sprechen. Heute ist keine Zeit mehr. Am Wohnhaus der Parrinis blüht die Glyzinie. Als wir das erste Mal hierherkamen, war es neu gebaut worden, erdbebensicher, aus armiertem Beton. Daneben das alte, aus Sandstein geschichtete Haus mit den vermauerten Bögen, ein blinder Invalide, der trotz seiner Lumpen und Narben mehr Ausstrahlung hat als der Elitesoldat an seiner Seite.

Seit ich zum erstenmal einen VW-Käfer die Staubstraße hochquälte und den Auspuff an einem Stein zerbrach, habe ich an einen Jeep gedacht. Es ist jetzt gut zwanzig Jahre her. Immer wieder prüfte ich die Rinnen und Buckel der Waldwege. Ich las Zeitungsartikel über Allradantrieb und fand meine Wünsche absurd. Siebenhundert Kilometer Autobahnfahrt, zehn Minuten im Gelände? Gib der Straße, was der Straße ist, geh die letzten anderthalb Kilometer zu Fuß! Fast immer empfand ich es als großen Luxus, in dem Haus für Autos unerreichbar zu sein. Ich verteidigte diesen Vorzug gegen Freunde, die ihn zum Nachteil erklären wollten, und widerstand ihren Erklärungen, wie einfach es sei, mit der *ruspa* (der Planierraupe) eine Zufahrt durch Feld und Wald zu graben. Dennoch gab es Augenblicke, in denen ich Zementsäcke oder Gasflaschen sehr unwillig auf meine Schultern lud und stöhnte, wenn nach einer langen Fahrt die Traglasten ausgewählt werden mußten. In den letzten Jahren, seit Jugendliche mit Geländemotorrädern die Waldwege unsicher machen, wurde der einsam im Wald stehende Wagen geknackt. Ich mußte Scherben vom Sitz kehren und eine neue Seitenscheibe besorgen.

Ich wollte meinen Teufelspakt mit den Maschinen mildern,

wie ein Hexer, der seinen Zaubertrank mit Weihwasser ansetzt. Ich fuhr das kleinste Dieselauto, das es gab, und freute mich über eine winzige Solarzelle, die an sonnigen Tagen vier Mignon-Zellen auflud. Der Landrover, dessen eingebaute Absagen an die Rostpflicht der üblichen Automobile mich anzog (Aluminiumkarosserie, verzinkter Rahmen), wollte alle hundert Kilometer mindestens zwanzig Liter Treibstoff in die Luft blasen! Das ging zu weit!

Dann hörte ich von einem sparsamen Geländewagen, den ein japanischer Hersteller für die australische Armee entwickelt hatte. Die Jeepgedanken kamen wieder, aber die ersten Modelle waren *zu* klein für eine Familie mit Gepäck. Nach einigen Jahren konnte ich nicht mehr widerstehen. Ehe die günstige Versicherungsklasse ganz verfiel, mußte es geschehen. Mein Gewissen plagte mich, als hätte ich ein altes Gelübde gebrochen. Ich fürchtete Strafen, die sich aus meinen verbotenen Gelüsten ergaben, sah mich im Schlamm stecken, den Abhang hinabrollen, mit versagendem Motor liegenbleiben.

Nichts davon trat ein. Die Staubstraße, wo ich immer wieder um die Fahrzeuge gefürchtet hatte, deren Unterseite vom Gras gebürstet wurde oder knirschend den Kies traf, focht den Jeep nicht an. Das Steilstück, wo sooft Räder in einem Hagel aus Schotter durchdrehten, meisterte er gemächlich. Der Holzweg, in den die Gewitterregen knietiefe Furchen gegraben hatten, störte ihn sowenig wie die grasigen Buckel in den verlassenen Äckern oder das schräge Wegstück kurz vor dem Haus. Den verwöhnten Asphaltautos fehlte nicht die Kraft, es ihm gleichzutun, sondern die Ruhe. Mit ihrer bequemen Federung tauchten sie tief in die Löcher und gefährdeten sich. Die schnelle Übersetzung zwang, so rasch zu fahren, um den Motor auf Touren zu halten, daß es unmöglich wurde, Hindernisse rechtzeitig zu erkennen und ihnen auszuweichen. Nervös, schreckhaft wie Rennpferde, riskierten sie mehr als der Jeep und waren doch weniger gegen Püffe gewappnet.

Jetzt steuerte ich langsam durch das Gestrüpp an den Seiten, wich Ästen und Felsbrocken aus, gewann ein Gefühl der Souveränität, mit einem Rest von Unsicherheit und Angst. Das grüne Ding aus Stahl und Glas stand ungefügig vor einem Haus, das seinesgleichen noch nie gesehen hatte. Hastig lud ich das Gepäck aus, ließ den Motor wieder an, wendete, versteckte den Jeep im Wald, im Schatten. Ich fahre nie mutwillig durch das Gelände, wie die Allradfreaks, die ich in den kalifornischen Wüsten erlebt habe.

Der Weg ist nicht schlechter als vor einem Jahr. Es gibt sumpfige Stellen. Die Ranken und Äste, die ich im Herbst aus den grünen Wällen am Wegrand hieb, sind noch nicht nachgewachsen. Ob das Haus unversehrt ist? Niemand hat die Schlösser angetastet. Drinnen riecht es nach Moder. Ich zünde Kerzen an, öffne alle Fenster und Läden. Ratten waren da. Ihre Kotspuren, groß wie Kaffeebohnen, unterscheiden sich deutlich von denen der Mäuse. In meinem Bücherregal haben sie ein Nest gebaut, Papier in Streifen gerissen, Einbände angenagt. An zwei Stellen hielt das Dach dem Winterregen nicht stand, auf den roten Ziegelfliesen zeichnen sich Spuren von Pfützen ab, mit Rändern aus gelblichem Schimmelbewuchs. Morgen muß ich das Dach reparieren. Wer weiß, wie lange das sonnige Wetter hält. Wenn es regnet, werden Flechten und Moospolster glitschig, die auf den alten Ziegeln wuchern.

Im Freien hole ich tief Atem. Der Muff drinnen kitzelt die Nase. Es ist Neumond. Die Venus steht im Westen, über dem Tal, so strahlend, daß sie die anderen Sterne verdunkelt. Die Hügel, in Finsternis gehüllt, verbinden die Ränder des Mugello mit dem Nachthimmel. In der Ebene sind viele Lichter.

Die Pinie

Sie war, von Bohrkäfern geschwächt, vertrocknet. Das Skelett stand in der grünen *macchia*; wie Raben saßen die Zapfen hoch auf den kahlen Ästen. Ich beschloß, es zu fällen. Ich habe wenig Erfahrung darin und keine Motorsäge. Die Bügelsäge klemmte. Ich kaufte eine langstielige Axt. In dem Buch «Der Jungbauer», das 1960 in den landwirtschaftlichen Berufsschulen verwendet wurde und das ich in solchen Fällen aus dem Bücherregal hole, hat der Holzfäller ebenen Grund und viel Platz. Es ist Winter. Die Arbeit macht ihm warm.

Die Pinie stand zwischen Wacholderbüschen, jungen Eichen, Binsenginster und Brombeergerank an einem steinigen Hang. Es roch nach Thymian und fünf Minuten später nach Schweiß. Ich zog mein Hemd aus und hängte es zum Trocknen über einen Busch. So arbeitete ich wie ein Biber. Die Axt ersetzte den Nagezahn. Weiße Holzsplitter stoben. Endlich, erwartet und doch ganz überraschend, zitterte der Stamm, wie er es noch nie getan hatte, seufzte, krachte mit einem jäh anschwellenden Reißen von Holzfasern, Brausen von Zweigen, Brechen von Ästen in die *macchia*, schlug, durch das Krachen hindurch, dumpf auf. Der Boden vibrierte; dann war es sehr still.

Ein vorausschauender Mann wird im Sommer seinen Holzvorrat ergänzen. Er wird die Äste abschlagen und sich daranmachen, den Stamm zu zerlegen. Da die Bügelsäge bald steckenbleibt, muß er sich in der *ferramenta* Keile kaufen, die den Rest des Stammes in Scheite teilen, in denen die Säge wieder greift. Pinienholz ist zäh, die Fasern sind ineinander verwoben. Dieser Baum hatte sich wie ein Tänzer in einer Pirouette in den Himmel geschraubt. Die beiden Stahlkeile blieben nie in einer Linie. Das metallische Singen des Hammers, Eisen auf Eisen, tönte mir noch minutenlang in den Ohren, wenn ich die Arbeit unterbrach und mir den Schweiß von der Stirne wischte. Ich lauschte dann, ob Knistern und Reißen im Holz zeigten, daß die Arbeit voranging. Schließlich saßen beide Keile fest. Die Axt stak neben ihnen. Ich schnitzte Hilfskeile aus einem trockenen Eichenscheit. Mit ihrer Hilfe befreite ich das gefangene Werkzeug. Die Pinie war verblutet. Goldgelbes Harz durchtränkte die weißen Fasern, wie Honig eine Wabe. Das Holz duftete und klebte an den Fingern.

Im nächsten Frühling schob ich an einem kühlen Apriltag ein Stück in den norwegischen Gußeisenofen, der mein Arbeitszimmer wärmt. Es fing blitzschnell Feuer. Befriedigt schloß ich die Ofentür. Dann hörte ich ein Brausen. Die Ofenflanke begann zu glühen; als ich die Tür öffnete, schlugen mir gelbe Flammen entgegen, beißender Rauch trieb mir Tränen in die Augen. Der Ofen verlor zusehends an Zug, rauchte zwischen den Ringen und aus der Tür. Am nächsten Morgen machte ich mich ans Kaminfegen. An der Ofenplatte hingen wie Algenbärte fingerlange Rußfäden, die unter dem Besen zerfielen. Das Ofenrohr war von ihnen zugewachsen, wie eine Schlagader kurz vor dem Infarkt.

Ich hätte die Pinie stehenlassen müssen, bis Sonne und Regen das Übermaß von Harz aus ihr zogen und sie in einem Herbststurm stürzte. Danach hätte sie mir nichts mehr verübelt.

Für den Ofen waren die Scheite unbrauchbar. Ich schichtete sie in den Kamin, dessen großer, gerader Abzug seit zwanzig Jahren keinen Schornsteinfeger gebraucht hat. Es war wieder ein kühler Apriltag, ein großes Feuer zum Abendessen mochte wärmen und leuchten zugleich. Gelbe Blitze zuckten durch weißen und grauen Rauch. Selbst die mächtige Haube des Kamins, unter der im Winter vier Menschen sitzen, faßte den Qualm nicht. Kleine Wölkchen krochen unter dem Tragbalken in die Küche. Ich fürchtete, wir müßten die Teller mit dem eben angerichteten Mozzarella-Tomaten-Basilikum-Salat nehmen und hinausflüchten ins Freie. Dann beruhigten sich die Flammen, das harzreiche Scheit büßte seinen goldenen Mantel ein, wie die Abessinierin, die nach der Hochzeit ihren Schmuck ablegt. Als ich zu Bett ging, schüttete ich einen Krug Wasser in die Feuerstelle und blies die Kerze aus.

Zurück über den Apennin

Die Abschiedswehmut ist der Preis für die Idylle. Es hilft nur wenig, Ambivalenzen zu beschwören, um den Verlust zu ermäßigen. Sind sie nicht doch zu herb, diese verwilderten Felder, die ihr Gestrüpp den Hang hoch gegen das Haus vorschieben? Habe ich nicht gelitten unter den Myriaden von Ameisen, die sofort über jeden Krümel auf dem Spültisch herfallen, unter den winzigen Zecken, die sich in Hautfalten bohren und mit einem Erschrecken entdeckt werden, wenn sich ein kleiner, juckender Krümel nicht wegkratzen läßt? Ein Königskerzenwäldchen ist dort hochgeschossen, wo ein Besucher letztes Jahr das Brombeerdickicht zwischen dem Haus und den Zypressen gerodet hat. Die Tomaten, die im Frühling aus den Küchenabfällen aufgingen, sind überwuchert, ein Lavendelbusch und einige Feigenschößlinge, die wir ansiedeln wollten, verschwunden. Aber am Tag der Abreise, dem neunten Juni 1993, hat sich die Blütenflamme an der größten Kerze entzündet. Und gestern entfaltete sich mit einem zarten und doch eindringlichen Ton die oberste Knospe der gelben Lilie, die in einer Weinkaraffe auf dem Eßtisch stand.

Nachts tappen die waldrebenübersponnenen Büsche wie rundrückige Saurier ums Haus. Der Mond kündigt sich durch einen Schimmer auf den Flanken des Monte Giovie an, ehe er über den Kastanienwald steigt. Die Spitzen der Zypressen sind ganz gesund über den letzten Winter gekommen, zarte, korallengleiche Gebilde, aus denen sich nach und nach die Äste und der knorrige Stamm formen, aus dem die Bauern früher die Truhen für die Aussteuer ihrer Töchter zimmerten, denn das Holz widersteht jedem Wurm und vertreibt die Motten. Am Tag bin ich oft zum Bach gewandert, um mich von der Arbeit in der Sonne zu erfrischen. Auf dem Weg wird der graue Schatten der Schlehen und Eichen schrittweise durch ein tieferes Grün von Robinien, Pappeln und Erlen ersetzt, aus dem endlich das Murmeln von Wasser klingt. Frösche fallen in die Tümpel, kühl und von zerfallendem Laub getrübt, mit silbernen Spinnweben über düsteren Höhlen unter den bemoosten Rundlingen. Den Bach fassen steile Hänge, in denen sich über Haselnußbüschen hoch aufgeschossene Erlen, Kastanien und Pappeln festkrallen. Waldreben schwingen sich armdick in die Wipfel, Farne zittern im spärlichen Licht.

Sommerblüten beherrschen die Landschaft, wo sie nicht im Waldschatten liegt. Der goldene Binsenginster an den Hängen ist neben Brombeere und Schlehe der erste Siedler auf den verlassenen Feldern. Süß duften die Ligusterbüsche aus dem Schatten der Eichen, irgendwo streckt ein Holunderbusch seine gelblichweißen Scheiben der Sonne entgegen. Die Heckenrose hat immer die gleiche Zahl herzförmiger, vergänglicher Blütenblätter, nur Farbe und Größe verändern sich von dunkelrosa zu klarem Weiß. An den Häusern und Zäunen üppig die edlen Rosen in grellem Rot und feinstem Purpur, mit der Zentifolie verwandt, deren duftende Blätter auf die Gäste römischer Orgien rieselten.

In den letzten Tagen beginnen die Tropen von Borgo San Lorenzo. Der Morgen beginnt mit klarem Himmel und einem scharfen Licht, das in den Schatten treibt und schon früh Sehnsucht nach einem kühlen Luftzug weckt. Allmählich trübt sich dieses Licht, die Hitze nimmt noch zu, wird unentrinnbar, tastet nach den Schattenplätzen, ein milchiger Dunst legt sich um die Sonne, überall quellen Wolken, die sich an ihren unteren Rändern in einem trüben Blau auflösen – nein, sich verdichten, bis das Blau unmerklich zu einem Schatten geworden ist und der erste Donner rollt, zögernd, wie zur Probe nach verborgenen Blitzen. Bald wird er lauter, endlich reißt eine Windsbraut die Schwüle mit sich, ein Krachen, Hagel prasselt auf das Dach, der Platzregen reißt so viel Flechten und Moose mit sich, daß die Fallrohre zu eng werden und die Dachrinne überschäumt. Zwei mitgeschwemmte Eidechsen sitzen steif am Rand des verstopften Filters, der den groben Schmutz von der Zisterne fernhalten soll. Das Filtergefäß ist übervoll. Statt in den Vorratsbehälter ist das

Wasser auf den Stallboden geflossen und sickert in die Ritzen zwischen den groben Sandsteinplatten des Pflasters.

Nach einer Stunde leuchtet die Sonne wieder, ein leichter Wind trocknet die Gräser und schüttelt die letzten Tropfen aus den Kronen der Nußbäume. Es ist angenehm kühl im Schatten, angenehm warm in der Sonne, die Umrisse der Hügel stehen scharf vor dem gereinigten Himmel, in dem graue Wolken schwimmen wie Hamlets Fische.

Dieser tägliche Wettersturz vermischt sich bei der Rückfahrt über den Apennin mit dem Klimawandel einer Fahrt durch das Gebirge, über Firenzuola nach Imola. Der kühle Morgen ist die Strecke auf der Poststraße von Scarperia durch die Ebene, vorbei an den Villen der Florentiner Herren, die hinter Mauer und Park nur zu ahnen sind, hinauf durch die Kastanienwälder, mit den viel zu knappen Blicken auf den dunstigen Talgrund des Mugello und die Kulissen der Hügel, auf denen irgendwo auch das Haus steht, schon weit im Osten. Auf den Höhen ist es kühl, die Frühlingsblumen kehren zurück. Endlich, wie ein breiter Rücken, durch einen Bau aus rohen Steinen markiert, die Paßhöhe. Auf einer hölzernen Bank sitzt ein weißhaariger Mann vor einem Glas Wasser. Nach links wenden wir uns hinunter in ein erst enges Tal, das sich allmählich zu dem Kessel weitet, in dem Firenzuola liegt. Von hier aus fließt das Wasser nicht mehr in den Arno, sondern in den Po. *«Si parla tosco in terra di romagna»*, Bruchstück eines Verses über die Garnisonstadt der Florentiner auf dem Weg nach Norden.

Nur ein Wegweiser zeigt nach Imola, alle anderen – Firenze, Bologna, Autostrada – weisen auf die Schnellstraße, die wir meiden wollen. Von jetzt an fahren wir in einem tief eingeschnittenen Tal über einem Flüßchen mit dem milchigen Wasser der Gebirgsbäche. Links und rechts große Steinbrüche und Lagerplätze, auf denen die grauen Blöcke der *pietra serena* zu großen Stapeln geschichtet sind. Viele Mauern und Säulen in Florenz sind aus diesem «heiteren Stein» gemacht. Ich sehe sie vor mir, einen Augenblick zwischen zwei Kurven. San Lorenzo und Santo Spirito, die beiden Frührenaissance-Kirchen mit ihren grauen

Gesimsen. Ist dieser Name ähnlich euphemistisch wie die Namensgebung der Griechen, *pontos euxenos*, gastfreundliches Meer, für die sturmgepeitschte See im Nordosten? Denn heiter ist dieser Stein gewiß nicht, sondern düster, ernst, streng. Die Ränder der Schlucht steigern diesen Ernst. Eine kyklopische Mauer, die Mauern zu einem Spielzeug macht.

Im Park von Pratolino hat Giambologna einen hockenden Riesen entworfen, groß wie ein Haus, aus dessen Hand einst ein Wasserfall in einen von Lotos bestandenen Teich fiel. Er scheint aus der Erde zu tauchen wie ein Wal, der die Wasseroberfläche teilt, nur ist dieses Wasser zäh und wölbt sich in Falten, bricht endlich in Schollen auf. So taucht der Apennin aus der Tiefe des Landes. Das Felsengewebe ist am Rand der Schlucht schräg nach Norden geneigt.

Ein Lastzug, viel leeren Raum um zwei mannshohe Quadern und doch tief in den Federn. Die Kanten sind mit Meißelschlägen gebrochen. Die Steine liegen auf der verkratzten Ladefläche, Sklaven ihrer Schwere, unnötig, sie festzubinden. Wie muß das Gebirge lasten, wenn schon diese Stücke so lasten! Die Italiener haben zwei Worte für Stein: der freundliche Stein, aus dem wir Häuser bauen und dessen Kristalle wir in Gold fassen, heißt *pietra*; der wilde Stein, der im Boden liegt oder von Felswänden wie diesen hier auf den Menschen herabstürzt, heißt *masso*. Michelangelo suchte seine Gestalten unter der Oberfläche solcher Blöcke, wie Badende, unter schwarzem Wasser verborgen, allmählich auftauchen, wenn die Flüssigkeit abgelassen wird. Hier gräbt sich das Wasser selbst in den Fels, die Straße krallt sich in die Flanken des Tals, unten augenblickslang umschäumte Blöcke und stille Gumpen, an ihren Rändern manchmal die bunten Tupfen Badender, beneidenswert an diesem glühenden Tag. Seit wir vom Passo del Giogo in den Kessel von Firenzuola fuhren, hat der kühle Wind nachgelassen.

Je näher wir aus dem engen Gebirgstal der Stadt Imola kommen, desto breiter wird die Straße und desto offener das Land um sie. Hinter den erniedrigten Hügeln werden andere sichtbar, von Rebenschraffur bedeckt. Am Ende ist das Gebirge ein bläulicher Schatten hinter uns, vor uns liegt die Ebene, über uns der dunstige, flache Himmel. Entlang der Straßen, zwischen den Fabriken und Lagern, sind sumpfige Gräben und Distelfelder, Todesstreifen an der Grenze zwischen Industrie und Landwirtschaft. Links, eine Strecke vor der Stadt, ein Fort mit breiten, weißen Bastionen, *Museo militare*. Für unser Mittagspicknick finden wir einen verlassenen Park um die Ruinen eines Landhauses. Wie die Kulisse eines ruinenromantischen Stücks steht die Fassade mit dem Dreiecksgiebel zwischen überwucherten Beeten, symmetrischen Kieswegen und Gruppen von Pinien und Zypressen. Die Luft flimmert in den leeren Fensterhöhlen. Im Schatten einer Zypresse, auf einer bemoosten Bank, geschmolzene Butter, Oliven, Weißbrot, schwitzender Käse und Mineralwasser, das die Plastikflasche prall mit Kohlendioxid füllt. Die Zikaden schreien. Auf den Wiesen ist das Gras schon grau, nur zwischen den Bäumen trotzen noch Blumen dem Sommer.

Weiter unten steht ein Bauernhaus, von gepflegtem Rasen umgeben; was in diesen Tagen noch so grün ist, wird bewässert. Die Einfahrt säumen vier Orangenbäumchen in großen Terracotta-Töpfen. Der Erbe des Herrn von einst ist dort hingezogen, weitab vom Dieselqualm der Hauptstraße und von den Erinnerungen an die Zeit des Faschismus, als sein Vater *padrone* war und mit den deutschen Besatzern paktierte, bis die Amerikaner kamen. Dann versteckte er sich bei den Verwandten seiner Frau. Die Partisanen dachten, jetzt sei ihr Eigentum, was einst dem Herrn der Villa und dem Feind des Volkes gehört hatte. Sie besetzten den Bau, köpften die Weinflaschen im Keller und kochten Polenta in den Renaissancekaminen. Schließlich machten sie auf dem Terrazzoboden im ersten Stock ein großes Feuer aus dem jahrhundertetrockenen Getäfel, um einen Widder am Spieß zu braten und mit den Hirten die Befreiung zu feiern, die sie während der Besatzungszeit in ihren Hütten versteckt hatten.

Damals küßten die schönsten Mädchen von Imola für ein Stück Fleisch und einen Becher Wein die Wangen eines stoppelbärtigen Kommunisten, bis ihre Lippen bluteten. Als der polierte Gips platzte und die Schilfmatten brannten, die unter dem Estrich auf den Tragbalken lagen, rannten sie hinaus und schrien durcheinander – laßt es brennen – löscht es – wo ist Wasser? – die Feuerwehr. Am Ende wurde das Prasseln der Flammen zu einem Brausen und Rauschen, das ihre kleinen erschreckten Stimmen erstickte, während die Dachziegel in der Hitze zersprangen und Lawinen glühender Splitter herabstürzten, die alle Gaffer zurückscheuchten. Die Brandstifter wider Willen zogen sich zurück, den Kopf wie Schildkröten im Kragen, um den Nacken vor Funken zu schützen. Einer hatte noch die verbrannte Hammelkeule in der fettigen Hand, die er aus dem Feuer gerissen hatte, als die Decke durchbrach. Jeder fluchte über etwas anderes, das er verloren hatte – eine Jacke, einen Mantel, einen Schlafsack, eine Feldflasche voll altem Grappa. Dann machten sie sich über Christoforo lustig, diesen Tölpel, der in seiner Panik, um wenigstens etwas zu retten, die Weinflaschen aus dem Fenster geworfen hatte, so daß sie im Kies zerschellten, man sah noch den großen, dunklen Flecken, in dem die Scherben glitzerten. Am Ende aber waren alle gefesselt und wie ehrerbietig vor etwas Großem, einem funkensprühenden, brüllenden Ungeheuer, das aus allen Fenstern griff und Scherben von sich schüttelte, ehe sein Haupt durch den Käfig glühender Balken brach und der Wind seine feurige Mähne zauste.

Die Eule der Baronesse

Als ich die Baronesse zum erstenmal traf, stellten wir fest, daß wir beide fast gleichzeitig geheiratet hatten und in die Toscana gezogen waren. Sie hatte beim Studium in Florenz einen Baron kennengelernt. Wie es das Spiel des Schicksals will, trug auch die Frau, mit der ich das Haus in den Hügeln bezog, vor der Ehe den Titel einer Baronesse. Sie verlor ihn mit der Heirat, wie ihn die deutsche Studentin aus Frankfurt an der Oder damit gewann. Als die große Überschwemmung vom vierten November 1966 uns für einige Tage von der Außenwelt abschnitt, weil alle Sievebrücken unpassierbar waren, verdarb das Wasser ihre Hochzeitsgeschenke, die sie im Keller ihres Palazzo in Florenz gelagert hatte. An unseren Hochzeitsgeschenken wäre nicht viel zu verderben gewesen. Sie lagen sicher unter dem neu reparierten Dach, während das gelbliche Wasser die Ebene ausfüllte wie sonst der Morgennebel.

Als der Schwiegervater der Baronesse starb und das Erbe geteilt werden mußte, übernahm ihr Mann das Land und überließ die große Villa in Vespignano seiner Schwester, die sie verkaufte. Es war klar, daß zwölf *poderi* ihn nicht mehr, wie seine Eltern und deren Eltern, standesgemäß ernähren konnten. Der Baron liebte das Land, er wollte weiter wirtschaften, arbeitete die Woche über in einer Bank in Florenz und kümmerte sich an den Wochenenden um die verbliebenen *mezzadri*, die verlassenen Häuser, die achtzig Hektar Äcker. Er verkaufte einige Häuser an die Familien, die in ihnen wohnten; andere wurden später renoviert und an Feriengäste vermietet. Seine junge, blonde Frau kümmerte sich um die drei Kinder, um das Stadthaus und später um den Ersatz für die Villa. Das größte der verlassenen *poderi* wurde umgebaut; es lag auf einer flachen Anhöhe im Talbecken, mit einem schönen Blick auf die Hügel im Norden und Süden. Ein kleiner Hang verstellte die Aussicht auf Vespignano. Die alte Mutter des Barons hätte es sonst nicht ertragen, hier zu leben und die Villa zu sehen, deren Herrin sie so lange gewesen war und die nun anderen gehörte.

Die Baronesse beauftragte einen Architekten, den Komfort einer modernen Villa in den alten Mauern unterzubringen. Ein Kranz aus Eisenbeton wurde zur Erdbebensicherung unter dem Dach angebracht, einige der zahllosen Schlafzimmer in eine luftige Terrasse verwandelt. Zur Zeit der *mezzadria* lebten auf diesem Hof an die zwanzig Leute, Pächter und Pächterin, Onkel, Tanten, Großeltern, Kinder. Als das Dach erneuert wurde, fand der treue Renzo, Jagdkamerad des Barons, einen alten Ziegel, in den die Jahreszahl 1857 eingeritzt war und eine Nachricht, es sei eine große Hungersnot gewesen in dieser Zeit.

Die Baronesse hätte den beschriebenen Ziegel gerne behalten, ihn gerahmt und Besuchern gezeigt wie die alten Katasterblätter über Felder und Erträge des Podere Le Pergole, die jetzt im Flur hingen. Aber blitzschnell nahm Renzo ihn ihr aus der Hand, hob ihn hoch, halt, nein, ich will ihn, schrie sie, aber in ihren Protest hinein zerschmiß er die Inschrift, *porta sfortuna*, sagte er: Sie bringt Unglück. Sie hätte ihn am liebsten geschlagen, aber was blieb ihr übrig, als ihn lachend zu schelten für seinen Aberglauben und seine Voreiligkeit. Er hatte es gutgemeint, an ihm prallte sie ab, sie spürte den heimlichen Triumph des treuen Dieners, der seiner Herrin eine böse Verlockung nimmt, der sie erlegen wäre, wohl wissend, daß sie es ihm in ihrer Ahnungslosigkeit nicht danken wird.

Ähnlich mußte sie reagieren, als sie das eheliche Schlafzimmer des renovierten Hauses betrat und entdeckte, daß Renzo einen kleinen offenen Kamin aus glänzenden Ziegeln und weißem Marmor aufgemauert hatte – ein Geschenk, sie werde es in keinem Plan und auf keiner Rechnung finden, ein Geschenk zum Einzug für sie und ihren Gatten, um es an Winterabenden ganz besonders gemütlich zu haben. Er grinste ein wenig anzüglich, und es war unmöglich, ihm nicht zu danken, obwohl sie den Kamin scheußlich fand und ihn am liebsten abgerissen hätte und sich über das vorspringende Gesims ärgerte, das es unmöglich machte, einen Schrank davorzustellen.

Als die schöne fremde Frau, die der Baron aus der Stadt mitgebracht hatte in sein neues Haus, das erste Mal durch den Wald hinter ihrem neuen Haus ging, der den Abhang zu einem Seitenbach des Muccione bedeckt, flog vor ihr lautlos ein großer, schöner, sanftäugiger Vogel auf. Die Schleiereule hatte auf einem Ast gesessen, dicht über ihrem Gesicht, hatte gewartet, ob sie übersehen wurde, sich dann im letzten Augenblick doch erhoben, ohne jedes Schwirren von Flügeln, ohne einen Schrei. Als sie nach Hause kam, erzählte die Baronesse dem *mezzadro* eines der letzten *poderi*, der gerade eine Fuhre Brennholz brachte, von dem wunderschönen Vogel.

Am nächsten Morgen kam der *mezzadro*. Er zog den Hut aus braunem Kordsamt, mit dem er sonst immer seine kahle Stirn versteckte. Er hatte etwas mitgebracht, unter einem Tuch, in einem der Körbe, in denen man die geernteten Trauben zu den *bigoncie* trägt. Es war die tote Schleiereule. Der *mezzadro* war sehr stolz, denn er war auf eine hohle Eiche geklettert und hatte sie mit bloßen Händen erwürgt, so daß kein Blut das Federkleid beschmutzen und dem Ausstopfer die Arbeit erschweren würde. Denn ausgestopft mußte der Vogel doch werden, damit die Padrona etwas hatte, das ihr gefiel und das der *mezzadro* ihr besorgen konnte. Wieder fand die Baronesse keine Worte, ihm zu erklären, wie schuldig sie sich fühlte und wie verwirrt, daß das schöne Wesen für sie sterben mußte. Es war ein tiefer Eindruck gewesen, eine Bewegung, deren Spur sich dem Bauern mitgeteilt, ihn aber in eine ganz andere Richtung geführt hatte als sie. Der Nacht- und Todesvogel, dem sie da am hellichten Tag begegnet war, flog einen Augenblick lang auf sie zu, durch sie hindurch, als wolle er ihre Seele erhaschen. Dann aber, im Nachblicken, im Erkennen und in dem, was sie als Bewunderung gemeint und dem Bauern fast als Anerkennung seiner Welt zu schenken gedacht hatte, war ihr Erlebnis aus Teilnahme und Interesse zu kannibalischer Gier umgestaltet worden; sie mußte den *civettone* haben, er sollte ihr gehören, unbeweglich, für immer.

Da waren Dinge im Dunkel, die besser dort blieben. Nur zu denken, daß der Vogel – *uccello* – die ehrwürdigste Metapher ist für die Seele und die vulgärst-bekannte für das Geschlechtsteil des Mannes, daß sie dem *mezzadro* ins Angesicht einen großen Vogel bewundert hatte, den er dann jagte und würgte und zu ihr brachte, damit sie ihn präparieren ließ und für immer behielt. Ob er nun beim Wein mit seinesgleichen erzählte, *io ho portato il grande uccello alla padrona*, und alle vor Lachen röhrten, sich bogen, den Daumen durch die Faust steckten, den Finger in die Armbeuge und auf die Schenkel schlugen? Der Vogel war ausgerechnet einer aus der Gattung *civetta*. Jeder weiß, daß dies auch eine kokette Frau ist, die nachts geschminkt am Wegrand steht und auf einen Mausemann wartet, den sie sich krallen kann.

Die Schleiereule wurde ausgestopft. Da die Baronesse ihre Geschichte mit dem großen Vogel nicht so zu Ende leben konnte, wie sie es gewollt hatte, wurde wenigstens der Akt des *mezzadro* vollendet. Er bekam ein Trinkgeld, die Eule wurde ausgestopft. Sie sitzt auf einem kurzen Ast, der aus einem Stück Eichenrinde ragt, und blickt starr aus lidlosen Augen in das selten genutzte Wohnzimmer, einst der große, gewölbte Stall, in dem hartnäckige Flecken jede Putzschicht durchdringen und verraten, daß hier einst die kastrierten Zugochsen standen und ihr Wasser gegen die Wände abschlugen.

Ferragosto

Die Zeit steht still
wie die glühende Luft,
Rascheln sommergefallener Blätter,
eine Eidechse, kein Lufthauch.

Ganz langsam
ziehen Wolkenschatten
über die gepflügten Äcker.
Die Sonnenblumen
lassen die Köpfe hängen.

Nie war Dunkelheit
mehr erwünscht.
Kühl atmen
zehntausend Steine.

Die Ferramenta

Die Kirche von Vicchio liegt an der Piazza Giotto, neben dem Denkmal. Der Maler im Kostüm der gotischen Zeit, mit engen Hosen und einem kurzen Umhang, blickt nach Süden, nach Florenz; so wendet er allen, welche den Platz durch die Hauptstraße betreten, die Kehrseite zu. Die Ferramenta wiederum liegt neben der Kirche, zwischen dem Juwelier und der Cassa di Risparmio. Eine Ferramenta ist für die Bewohner alter Häuser wie eine Apotheke für Kranke. Der Name – Eisendinge – klingt noch an die alte Zeit an, da der Schmied Äxte, Sensen und anderes Gerät feilhielt. Heute sind zu den Werkzeugen aus Stahl Vorhangstoffe, Farben, Gartenmöbel und die Fülle der Kinkerlitzchen und Nützlichkeiten aus Plastik getreten, die soviel ehrliches Metall verdrängt haben.

Eine Ferramenta ändert ihr Gesicht nur ganz langsam. Aber Ladenbesitzer altern und verkaufen irgendwann ihr Geschäft an einen jüngeren Nachfolger. Nun gibt es einen Quantensprung, das alte Geschäft verpuppt sich, hinter den verhängten Scheiben wird gehämmert und gekratzt, bis der Laden in neuem Glanz wieder eröffnet wird. Die alten Regale aus rohem Holz sind nun aus kunststoffbeschichtetem Material, Töpfe und Espressomaschinen glänzen in Vitrinen, und eine elektronische Kasse tritt an die Stelle der Schublade unter der breiten Theke, in die der alte Besitzer zerknüllte Scheine und Wechselgeld warf.

Was die alte Ferramenta von Vicchio so ganz anders aussehen ließ als die neue, ist der Sprung in die Kleinmotorisierung, den die alten Besitzer nicht vollziehen mochten. Der toskanische Bauer, mit dem sie rechneten, nahm Werkzeuge in die Hand und bewegte sie, nach seinen Gaben, geschickt oder ungeschickt mit der Kraft seiner Arme. Es wäre ihm nicht in den Sinn gekommen, immer zuerst eine Steckdose zu suchen und ein Verlängerungskabel auszurollen, um die Kraft des 500-Watt-Motors einer Bohrmaschine und ihrer Zusatzgeräte zu nutzen. Die Kleinmotoren, zu denen peinlich saubere Fabrikationsräume gehören, haben der ganzen Ferramenta ihre Wurzeln in der Schmiede genommen: die Ruhe, das spärliche Licht, die düsteren Farben, die Toleranz für Staub, für schmutzige Finger.

Der alte Laden gehörte zwei Brüdern, Virgilio und Renzo. Sie kamen aus dem Dunkel zwischen den beiden dicken Pfeilern, die in eine Finsternis wuchsen, welche das aus dem beschatteten Eingang fallende Licht kaum durchdrang. Wenn einer nach hinten in die Lagerräume ging, verschwand er gänzlich; dann flammte eine von der Decke hängende Glühbirne auf. An den Wänden und von den altersgrauen Balken hingen Trauben von geschmiedeten Heugabeln, Hauen und Äxten; gegen die Wand lehnten Bündel passender Stiele. Goldfarbene Knäuel von Sisalschnüren für den Mähbinder, Kupferkessel und Aluminiumtöpfe von der Größe einer Pauke bis zu der eines Schöpflöffels standen in den gezimmerten Regalen, die bis unter die Decke reichten.

Renzo, der Jüngere, hatte die Aufgabe, mit Hilfe eines dreirädrigen Motorrollers die Gasflaschen auszufahren und die leeren Flaschen zurückzubringen. Virgilio war öfter im Laden als sein Bruder, der glatzköpfiger wirkte als er, weil er keinen Hut trug, während Virgilio seinen speckigen Filz nie absetzte. Den Kragen seines einst dunkelblauen Arbeitsmantels auch im Sommer zugeknöpft, den Hut in die Stirn geschoben, bewegte sich Virgilio langsam und stumm auf den Kunden zu. Er grüßte mit einem Nicken und nahm die Bestellung entgegen wie eine geduldige Schildkröte, die ihr Leben lang jeden im unklaren gelassen hat, ob ihre Bedächtigkeit und ihr langsamer Gang nun geringe Intelligenz oder große Weisheit ausdrücken. Virgilio verwendete nur wenige Adjektive, um seine Ware zu beschreiben. Eines der wichtigsten war noch der alte Schmiedeausdruck: *è roba pesante*, es ist schwere Ware, um zu belegen, daß dieser *pennato* oder Kupferkessel dauerhaft sei. Geringere Ware hieß *roba andante*, und so wurde auch der Unterschied zwischen einem Plastikeimer und einem Eimer aus verzinktem Blech formuliert.

Die alte Ferramenta führte Holzgestelle und Tongefäße, in denen die Glut für das *fuoco nel letto* aufbewahrt wird. Feuer ins

Bett zu tun ist eine sehr angenehme Sitte und allen Wärmflaschen überlegen, wenngleich auch weit gefährlicher. Die Gluttöpfe sehen aus wie kleine Körbchen aus gebranntem Ton; nur der Griff und das obere Drittel sind glasiert. Sie werden mit Kohlen aus dem Kaminfeuer oder dem Holzofen gefüllt und in ein Lattengestell gehängt, das Decke und Laken so weit auseinanderhält, daß keine Feuergefahr entsteht. Die Glutwärme vertreibt die Feuchtigkeit aus dem Bett und bietet auch an klammen Winterabenden ein trockenes, erhitztes Nest. *Ti hò messo il fuoco nel letto* – mit diesem Spruch kündigte ein Hausvater vor Einführung der Zentralheizung seiner Frau, aber auch seinen Kindern an, daß er alles für die Nachtruhe vorbereitet hatte.

Die moderne Ferramenta rechnet damit, daß der Hausvater sich diese Mühe erspart. Die Feuerkörbchen gibt es als Blumenträger um den zehnfachen Preis der alten Gebrauchsware. Die Wergbüschel (um den nach alter Sitte aus den großen Korbflaschen in die Fiaschi abgefüllten Wein vom dichtenden Öl zu befreien) hängen nicht mehr wie Feenhaar an einem Haken, sondern liegen in einer der geräuschlos gleitenden Schubladen, auf denen immer der Gegenstand angebracht ist, den sie bergen. Virgilio hätte das nicht gebraucht; in dem dunklen Gewölbe wären die Signale schwer zu entziffern gewesen, und er fand immer, was er suchte und was ich gerade wollte – ein Kilo Schamotte, um die beschädigte Innenauskleidung des Küchenherds zu erneuern, ein Pfund Gips, um Löcher zu verschließen, zwei Kilo schnell abbindenden Zement, um die Haken für die Dachrinne zu befestigen. Auch die Rinne selbst, mit der unser Hauseingang vor dem Traufwasser bewahrt werden sollte, habe ich von ihm gekauft, vier Meter lang, an einem Ende mit einem Halbkreis aus Blech verschlossen. Sie wog drei Kilo, und das Kilo kostete zweitausend Lire, damals, und auf dem Weg durch den Wald zum Haus stieß sie an den Biegungen des Pfades tönend gegen die Kastanienstämme.

Ob ich gebrannten Kalk brauchte (*bianco a zolle* – «Weiß in Klumpen», das mit Wasser gelöscht Kalkmilch zum Weißeln ergibt), vierzöllige Nägel, Holzschrauben oder Fensterlack, immer wurde der Preis nach dem Gewicht bestimmt und die Ware in Zeitungspapier gewickelt, Sportzeitungen vor allem. Ich denke, daß Virgilio sie von der Bar nebenan bekam. Wenn ein Fenster zerbrochen oder ein Spiegel für einen alten Bilderrahmen gebraucht wurde, nahm ich das Maß und kaufte das Glas bei Virgilio, der in den Katakomben einen eigenen Schneidetisch hatte. Mit seinen bedächtigen Gesten schnitt er rasch und genau die Gläser zu; die Scheibe wurde gewogen und danach der (sehr geringe) Preis bestimmt. (In den alten Häusern werden die Gläser ohne Kitt durch einen Schlitz in den Fensterrahmen gesteckt.)

In der neuen Ferramenta gibt es statt der Sensen Rasenmäher mit Benzinmotor und statt der Handbohrer und des Sandpapiers Bohrmaschinen, Schleifmaschinen, Motorfräsen, Motorsägen – kein Fensterglas, keinen Zement, keinen Gips, Wandfarbe in Plastikeimern, nicht *bianco a zolle*. Die gepflegte, geschminkte und überaus höfliche Ehefrau des jungen Besitzers strahlt mich an, wenn ich ein paar Nägel oder ein Vorhängeschloß kaufe, als hätte ihr ein Prinz einen Antrag gemacht. In den weißlackierten Vitrinen leuchten polierte Töpfe im Licht der Halogenspots. Es gibt keine schmutzigen Fingernägel mehr. Das Zeitungspapier ersetzen Plastiktüten mit dem Logo *ferramenta moderna*.

Ich will nicht klagen, es ist noch längst kein Heimwerkermarkt mit Nägeln in Plastikdöschen und Schraubendrehern aus Taiwan im Sonderangebot. Man kann Schlüssel nachmachen lassen, und neulich habe ich einen Holzgriff für einen alten *pennato* bekommen, einen von der Sorte, in die der glühend gemachte Holzdorn eingebrannt und hinten krummgeschlagen wird. Ich lehnte die angebotene Plastiktüte ab, steckte ihn zusammen mit dem Kassenzettel in die Hosentasche und verließ bedächtigen Schritts, wie eine alte Schildkröte, die neue Ferramenta, vor der weiße und rote Plastikstühle standen, stapelbar.

Fiera calda

Die letzte Augustwoche ist in Vicchio seit Menschengedenken von der *Fiera calda* bestimmt. Als ich sie in den sechziger Jahren zuerst erlebte, war es ein Viehmarkt, der jedes Jahr kümmerlicher wurde, wie auch die Zahl der Ochsengespanne, Zuchtstiere, Kühe und Schafe abgenommen hatte, die von Halbpächtern und Hirten auf den Markt getrieben werden mußten. Einen Tag später kam dann der *mercato in fiera*. Seit der Gründung der Kommune im 14. Jahrhundert ist am Donnerstag Markt in Vicchio. Dieser Festmarkt war besonders groß. Ich erinnere mich noch an schöne Körbe aus Weidenruten, ganz anders als die sonst angebotenen aus Kastanienspänen, die es nur an diesem Tag im Jahr gab. Dazu Süßigkeiten für die Kinder, Kleider, Wäsche und Haushaltsartikel für die Frauen, Werkzeuge und Landmaschinen für die Männer.

Die Pendler nach Florenz und Prato nahmen zu, die Bauern ab. Heute sind die Rinder und Schweine vom Viehmarkt verschwunden, Pferde, Ponies und Esel blieben übrig. Wo einst am Abend der Feuerschlucker sein Publikum versammelte, der große Zampano auftrat oder die Fisarmonica zum *ballo liscio* aufspielte, werden heute Podien für Rock- und Popgruppen aufgebaut und Puppentheater angekündigt. 1993 erscheint zum erstenmal eine eigene Zeitung der *Fiera calda*, jeden Tag ein hektographiertes Blatt.

Die große Wiese an der Sieve, ebenes Schwemmland, war früher der Ort für den Viehmarkt. Heute ist es ein großer Parkplatz für die vielen Reiter und Schaulustigen, malerischen Gestalten und korrekt gekleideten Kleinbürgern, alten Bauern aus den Bergen, die grinsend ihre letzten beiden Zähne zeigen, und Zwillingsschwestern in Miniröcken und roten Stiefeln, Pagen von Robin Hood, der mit grünem Hut und Lederwams wie angegossen auf einem feurigen Argentinier sitzt. Hier bockt ein Pony vor einem zweirädrigen Karren, auf dem ein Vater seine fünfjährige Tochter kutschiert, dort stehen Pferdezüchter vor Boxen, an denen gestriegelte Gäule mit Zöpfchen in Schwanz und Mähne auf einen Käufer warten. Junge Männer beeindrucken die Müßigen durch verwegene Reitkunststücke, Volten und Bocksprünge. Zwei reiten Arm in Arm, so daß ein dritter wie ein Zirkusprinz mit einem Fuß auf dem einen, dem anderen auf dem Pferd daneben im Kreis galoppieren kann.

Die größte Attraktion aber ist das Wettrennen über Hindernisse, nach einem K.o.-System zwischen zwei Reitern ausgetragen. Es gibt eine Hürde und einen Zickzackkurs durch drei große Tonnen aus Plastik. Zurück geht es dann im schnellsten Tempo. Unter den Bewerbern eine einzige Frau auf einem Vollblut, einem Apfelschimmel mit großen Nüstern und feingegliederter Stirn. Manche Reiter sitzen wie auf einem Schleifstein; andere scheinen mit dem Pferd verwachsen, als hätten sie Wurzeln geschlagen. Ein hagerer Mann in einem gelben Seidenhemd tritt gegen einen ernsthaften Jungen an, der wohl auch deshalb nie lächelt, weil eine Narbe auf seiner Oberlippe zeigt, daß er wegen einer Hasenscharte operiert worden ist. Er sitzt ganz ruhig auf einem braunen Pony und wartet auf das Startzeichen. Dieses gibt der Rennleiter, ein junger Mann mit nacktem Oberkörper, weiten ledernen Futteralen über einer ausgewaschenen Jeans und einem Messer in einer perlenbestickten Scheide am Gürtel. Jeder Komantschenstamm hätte seine Freude an ihm, die Squaws betrachten ihn zärtlich. Er läutet eine Kuhglocke, sobald beide Konkurrenten ihre Pferde in annähernd gleiche Distanz zur Startlinie gebracht haben. Das System ist ungerecht: wer rechtzeitig ankommt, hat Mühe, sein Pferd lange genug zu zügeln, und muß es vielleicht noch einmal zurückdirigieren; wer später kommt, kann vielleicht aus dem Schritt, mit dem er zur Startlinie reitet, gleich in den ersten, den Sprung über die Hürde übergehen und so wertvolle Sekunden gewinnen. Aber niemand stört sich an solchen Tricks, auch die Übervorteilten machen gute Miene.

Der Hagere hat Mühe, seinen großen Schecken zum Stehen zu bringen. Das Pony steht wie eine Statue. Beim Glockenton schießt es los, springt weit über die Hürde, umrundet tänzelnd die Hindernisse der Slalomstrecke, «*yippie*», ruft der Reiter und schießt wie ein Pfeil zurück in den Beifall, während andere über den Reiter im gelben Hemd lachen, der erst die Hürde geworfen hat und dann sein Pferd nicht dazu bringen kann, die Hindernisse zu umrunden. Nach einer ersten Runde sind Spreu und Korn geschieden, und vielleicht ist gerade das für ein Laienauge so entzückend: zu sehen, wie ungeschickt sich manche neben den begnadeten Reitern ausmachen, wie böse ein Gaul seinen Besitzer bloßstellen kann, etwa indem er an der Stange vorbeigeht, statt über sie zu springen, der Slalomstrecke ausweicht wie einem Feuer und endlich allen Zügeln und Schenkeln trotzend durch eine Lücke in der Hecke dem Wettkampf entweicht.

Ein Rappe wirft die Hürde und, als sei das nicht genug, auch alle drei Tonnen. Ein langbeiniges Pferd, mit ganz lockeren Zügeln von einem schlaksigen, gutaussehenden Mann geritten, springt zwar weit über die Stange, kommt aber mit einer Volte nicht zurecht, worauf der Reiter umkehrt und das Ganze noch einmal reitet, völlig abgeschlagen, aber ganz auf den Parcours konzentriert; im Rückwärtsgalopp springt er an der Ziellinie plötzlich aus dem Sattel, setzt einen Fuß blitzschnell auf den Boden, federt wieder zurück, sitzt wie zuvor, als die Zuschauer in Schreckensschreie und dann in Beifall ausbrechen.

Vier Pferde bleiben übrig. Dollaro, ein rundlicher, glatter Schwarzbrauner, fehlerfrei in den Hindernissen, schweißnaß und doch ohne jedes Zeichen von Müdigkeit. Er wird von einem nachlässig gekleideten jungen Mann geritten und scharrt an der Startlinie immer mit einem Vorderfuß, so daß sein Eisen in der Sonne blitzt. Er wird von einem Schimmel besiegt, auf dem ein Witzbold sitzt, der vor allem deshalb Beifall bekommt, weil er im Schlußgalopp immer seinen grünen Filzhut verliert. Sein Sieg scheint nicht ganz fair, denn der ungebärdige Schimmel schneidet Dollaro den Weg ab und zwingt den Reiter, ihn abzufangen, um nicht mitten in die Zuschauer zu geraten. Der stille Junge auf dem Pony mit dem Namen Clorofilla ist trotz seines zweiten, fehlerfreien Ritts nicht in die Endausscheidung gekommen. Massimo hat ihn besiegt, der auch fehlerfrei reitet, aber einen kräftigen Braunen mit zierlichen Fesseln hat, der viel schneller war als das kleine Pferd.

Der Name Massimo paßt gut, er ist ein wenig dick, grüßt jovial in die Menge. Er kann wahrhaftig reiten, ist geschickt, entschlossen und voller Kampfgeist. Gegen ihn tritt die junge Frau auf dem eleganten Apfelschimmel an, der sich nach einem Fehler im ersten Ritt von Mal zu Mal gesteigert hat. Eine Kinderstimme deklamiert De-Bo-Rah, De-Bo-Rah.

Der Apfelschimmel startet etwas langsam, berührt die Hürde, die Stange fällt aber nicht, er gewinnt an Schnelligkeit und scheint durch die Slalomstrecke zu fliegen. Massimos Pferd schwebt elegant über die Hürde, sie könnte doppelt so hoch sein. Doch bei den Volten ist es ein wenig langsamer, und obwohl Massimo den Braunen mit dem Zügel peitscht, gewinnt Deborah den Galopp um eine Nasenlänge. Großer Jubel für die Amazone, der gleich der erste Preis hochgereicht wird – ein Parmaschinken in Silberpapier, gestiftet von der COOP in Vicchio. Der Mann im grünen Hut bekommt einen Karton Chianti. Für Massimo und Dollaros Besitzer, dem der Weg abgeschnitten wurde – die besseren Reiter, denke ich –, gibt es als Trostpreis einen Gutschein auf das Essen, das für alle vorbereitet ist.

Der Lehm in den Fugen der Mauer

Das Haus ist in Schichten gewachsen. Die älteste, ungeformte ist das Geröll, das die heutigen Gebäude umgibt und eine künstliche Plattform vor den Südmauern bildet. Ich erkannte das, als ich vor über zwanzig Jahren die Pflanzlöcher für einige Zypressen grub: Es waren Trümmer von Mauern, manche Steine noch mit Meißelspuren, Material eines Vor-Hauses, das planiert worden war, um dem neuen Gebäude Platz zu schaffen. Das Wohnhaus ist nur siebzig Jahre alt; es wurde nach dem großen Erdbeben von 1919 neu gebaut, von einem Onkel der Padrona, der Offizier bei den Pionieren war und die Entschädigung nützen wollte, die der Staat den Erdbebenopfern zukommen ließ. Das Haus war nicht eingestürzt, aber dem ließ sich von einem energischen und kundigen Mann abhelfen. So habe ich ein für ländlich-toskanische Verhältnisse junges und festes Haus mit durchgehenden Betonbindern über den Ställen und unter dem Dachkranz, mit Kalkmörtel verputzt, so daß nur die großen Steine hervorlugen. Die Fensterumrandungen sind aus geglättetem Sandstein, der zu verwittern beginnt. Der Steinbruch liegt nicht weit von hier, nahe bei einem etruskischen Grab. Eine der Platten, mit denen der Abwasserkanal von der Küche zum Misthaufen abgedeckt war, ist genauso behauen wie die Blöcke, die in diesen Gräben als stilisierte Kopfkissen liegen.

Die Capanna ist älter als das Haus. Sie trägt zwei Jahreszahlen: 1876 im Putz über dem Bogen an der Innenseite des Raums, in dem die Geräte standen; 1736 hingegen an der Südmauer, an die später die Schweineställe angebaut wurden. Während das Haus mit Kalk gemauert ist, besteht der Mörtel der Capannawände aus Lehm und Sand, einem Gemisch, das Elio (der frühere Verwalter) *tufo* nannte. Er zeigte mir in einem der Felder den Ort, an dem dieses Material ansteht. Es wird mit Wasser zu einem Brei gemischt, der sehr dauerhaft sein kann. Die Lehmmauer bleibt fest, wenn sie nie wieder mit Wasser in Berührung kommt. Daher sind Wüsten die beste Kulisse der Lehmarchitektur, wie die Berberburgen, die Häuser im Jemen oder die Pueblos im amerikanischen Südwesten. Wird eine Lehmmauer wieder naß, dehnt sich das Material und schrumpft im Trocknen. Es gibt Risse, wie man sie auf dem Grund lehmiger Pfützen auch in unserem Sommer sehen kann. Des «Teufels Golfplatz» wird ein Feld aufgeplatzter, von tiefen Rissen durchzogener Lehm- und Salzschollen im Death Valley genannt.

In Korfu habe ich alte Bauernhäuser gesehen, die – ähnlich den Hütten der Ureinwohner in Mexiko – aus luftgetrockneten Lehmziegeln geschichtet waren, die – naß aufeinandergesetzt – wie Netze mit rechteckigen Maschen zwischen hölzernen Eckpfosten ausgespannt sind. Unser Wort «Wand» erinnert noch an ineinandergewundene Weidenzweige. Sie gaben einem Gemisch aus Lehm und Häcksel so viel Halt, daß damit die Räume zwischen den Balken des Fachwerks ausgefüllt werden konnten. Wo Wasser auf diese Wände trifft, halten sie nicht stand.

Unähnlich allen modernen Mörteln, ist dieser Urmörtel wiederverwendbar: abgekratzt und mit Wasser erneut zu Brei gemischt, ist er so gut wie neu. Aus dem Sandstein, der hier aus dem Boden lugt, und diesem Lehmbrei ist sicherlich das erste Haus hier gebaut worden, ich schätze vor zweitausend Jahren, denn der Platz ist günstig, und die Etruskersiedlung, die auf der Kuppe des Hügels 1970 ausgegraben und datiert wurde, liegt nur fünfhundert Meter entfernt. Es war ein geduldiges Bauen damals, denn der Lehmbrei hält nicht – wie der Kalkmörtel – die Bruchsteine gewissermaßen gegen ihren Willen zusammen, er lenkt nur ihre Schwerkraft. Die Mauer muß in sich ausgewogen sein. Wer einmal selbst versucht hat, aus vielgestaltigen, nie genau passenden Natursteinen eine Mauer zu schichten, wird die Leistung der Landleute von damals zu schätzen wissen, die mit derart einfachen Mitteln standfeste Häuser bauten. Jeder zweite von ihnen war wohl selbst ein halber Steinmetz und wußte Bodenplatten, Ecksteine, Türstürze, Fensterlaibungen und Treppenstufen zuzuhauen. Die Mauern wuchsen langsamer als Weizen und Rebe, aber wen focht das an? In Mußestunden wurden

Blöcke geglättet; wenn es eilig war, ragte ein Buckel aus der Wand, den man später immer noch abschlagen konnte; die Balken, welche das Gerüst trugen, wurden mit eingemauert und später herausgezogen.

Die Steine der alten Häuser in der Ebene sind rundgeschliffen. Sie kamen aus dem Flußbett und wurden von den Baugesellen gespalten, um der Mauer eine glatte Außenhaut zu geben. Heute wachsen die Häuser nicht mehr aus dem Boden, genährt von Lehm, Stein und Holz, die es in ihrer unmittelbaren Umgebung gibt. Ziegel, armierter Beton und Isoliermatten sind Materialien für Häuser nach dem Industriestandard. Wer aber noch ein altes Haus hat, muß sich an die Fährte der alten Bauleute heften, sonst kostet es ihn ein Vermögen oder fällt ihm auf den Kopf.

Ein solches Haus, das scheinbar unerschütterlich mit seinen dicken, schweren Mauern dasteht, sieht nur so aus, als sei es unverwüstlich. Ich habe in dreißig Jahren von den ursprünglich sechs Gehöften hier in den Hügeln drei Häuser aus wohlerhaltenem, wenngleich verlassenem Zustand in Trümmerhaufen mutieren sehen, deren Reste sich in Brombeerdickichten verlieren. Zwei andere sind mit großem Aufwand von einem Fabrikanten aus Prato und einem Geschäftsmann aus Florenz renoviert worden. Sie stehen in einer museal gewordenen Restlandwirtschaft wie kleine Herrensitze. Weder das eine noch das andere sind mit meinem Haus geschehen. Es gibt keine Korsettstangen aus Stahlbeton hinter einer kunstgerecht belassenen Natursteinmauer und keine vom gelbgefärbten Zementputz freigehaltenen Ecksteine, keine Satellitenschüssel und keine neuen Isolierglasfenster, keine schmiedeeisernen Gitter und Freisitze mit Panoramascheiben, kein Schwimmbad und keine Zentralheizung.

Aber es gibt auch keine Ruine. Nur der Schweinestall, der an die Südwand der *capanna* angebaut war, ist vor zehn Jahrn eingestürzt.

Das war eine Warnung. Bis zu diesem Zeitpunkt hatte ich geglaubt, es genüge, das Dach instand zu halten, und mir den Einsturz solcher Häuser dadurch erklärt, daß durch ein beschädigtes Dach Wasser in die Mauern dringt. Aber die Ziegel über dem

Schweinestall waren nicht schlecht. Ein Bauer setzt lieber sein Schlafzimmer als seine Scheune oder sein Vieh dem Regen aus. Die Außenmauer des Schweinekobens, deren Zustand unter dem Brombeerwall unerkennbar blieb, kippte nach außen; so mußte auch das Dach einfallen. Was aber hatte dieses Kippen verursacht?

Ich stellte fest, daß an den Wänden der *capanna* an den schlagregengeschützten und von den Pflanzen unerreichten Stellen der Mörtel unter dem Dach noch ganz glatt war. Je stärker eine Stelle dem Wetter oder den Gewächsen ausgesetzt war, desto tiefer zwischen die Steine reichten auch Hohlräume. Wenn ich einen Wurzelstock der mannshoch ausgreifenden Brombeersenker herausriß, kamen kleine Steine und Mörtelbrocken hinterher. Das waren eine Warnung und ein Anlaß, den Jeep zu kaufen, mit dem ich seither jeden Sommer Ladungen von Sand und Zement heraufschaffe, in Puppenportionen, wenn ich meinen Betrieb mit einer wirklichen Baustelle vergleiche.

So bin ich den Mauern näher gekommen, wenn ich auch nicht, wie die Wespen oder die Rankenwurzeln, bis in ihr Innerstes vordringen kann, so weiß ich doch inzwischen so viel, um über die Kosmetik hinaus ein wenig Orthopädie zu treiben.

Nur ein Pfuscher wird versuchen, die Ritzen eines undichten Kachelofens mit Mörtel zu verschmieren. Das wird bald abbröseln; kunstgerecht ist die Arbeit nur, wenn alle Kacheln auseinandergenommen, gesäubert und neu aufgemauert werden. So ähnlich wie der Ofensetzer über den Pfuscher würden die Maurer von einst über mich urteilen, wenn ich die Lehmbrösel mit dem nassen Pinsel aus den Spalten bürste und sie mit Zementmörtel neu verschließe. Aber immerhin hat die *capanna* in den letzten zehn Jahren aufgehört, Warnsignale zu geben wie eine Lawine von Steinen aus einer Wand in der *cantina*, ein tiefes Loch in einer Trennmauer, zeltförmig ausgebrochene Risse unter einem Zementriegel an der Ostmauer.

Im Schließen dieser Wunden, aus denen gelber Lehm wie Eiter rann, wuchs mein Respekt vor den bäuerlichen Handwerkern. Nie gelang es mir, annähernd die Ausgewogenheit ihrer Gefüge zu erreichen, bei denen sich die passenden Steine wie von selbst zueinandergesellt hatten. Ich arbeitete wie ein Junggeselle, der selbst die Knöpfe an eine Tweedjacke näht und seinen Mangel an Geschick dadurch ausgleicht, daß er den besten Zwirn doppelt nimmt. Der hydraulische Kalk, mit dem ich meinen Mörtel anrührte, verhält sich zum Lehmbrei wie Stahlblech zu Pappe. Er ist wasserfest, kein Schlagregen kann ihm etwas anhaben, kein Mauergewächs in ihm wurzeln. Er trocknet weißgrau, nicht gelblich wie der Lehm oder elfenbeinfarben wie der Kalkmörtel. Aber ohne ihn könnte ich meine Flickarbeit gar nicht leisten, sondern müßte, wie es die Alten taten, das ganze Gemäuer abreißen, den Mörtel neu anrühren und es wieder aufschichten. Mit meinem zähen und festen Bindemittel ist es mir möglich, Fugen dauerhaft zu schließen und auf diese Weise auch Halt zu schaffen, der verhindert, daß sich die Mauer nach außen neigt oder einen der bedrohlichen Hängebäuche entwickelt. So bin ich stolz auf meine Mittel, wo ich es nicht auf mein Geschick sein kann, und die Narben, welche meine Reparaturen hinterlassen, scheinen mir fester und belastbarer als das unverletzte Gespinst tiefer Fugen neben ihnen.

Gegenüber, in einem seit den sechziger Jahren aufkommenden Pinienwald verborgen, liegt ein Haus, das bis 1985 noch ein Dach trug. Dann stürzte eine ganze Mauer nach außen; es muß ein merkwürdiges Geräusch sein, das zu hören, vielleicht dem eines gefällten Baums ähnlich – leise und schnell anschwellend und nach dem überwältigenden, zerreißenden Schlußakkord fast stumm unter einer Staubwolke, mit leisem Rieseln und Bröckeln von Nachzüglern. Ein halbes Jahr lag sie da, als sei plötzlich die Wiese gepflastert, dann verschwand sie unter dem aufschießenden Geschling, das sich – ebenso wie die Brennessel – auf dem Schutt besonders wohl zu fühlen scheint. Die Erosion der untersten Fugen hatte hier allmählich den Eckverbund gelockert, der bei diesen Häusern immer sorgfältig mit langen, genauer als alle übrigen behauenen Steinen gefügt ist. Wie bei einem zerschnittenen Karton fällt dann eine Wand nach außen. Es ist fast immer zuerst die westliche Traufseite, während die nach Süden gewandte Stirn des Hauses noch lange steht; auf sie schlagen nicht die kleinen Wasserfälle, die an der Mauer herabfließen, wenn die Traufziegel zerbrochen sind. Dachrinnen hatten die alten toskanischen Häuser nicht; allenfalls einen ausgemauerten Graben am Fuß der Mauer, der das Wasser in eine Zisterne führte.

Ich mische meinen Mörtel nach Zuckerbäckerart auf einem großen Stück Blech, das wie Theaterdonner klingt, wenn ich es aus dem Keller hole. Drei Schaufeln Sand, eine Schaufel hydraulischer Kalk, möglichst frische Zutaten. Trocken mischen, Wasser in eine Kuhle in der Mitte, noch einmal durchschaufeln, im Eimer an Ort und Stelle tragen. Wichtig ist der große, nasse Pinsel, der Maurerwaschel meiner bayrischen Kindheit, um alles gut anzufeuchten, Steine, Fugen, wenn er zu bröckelig ist, auch den Mörtel, ehe ich den erdfeuchten Brei zu zähen Klumpen knete und in die Ritzen zwinge, wo ich ihn dann mit einer Fugenkelle glatt streiche. Gelegentlich sind die Steine schon so lose, daß ich einige herausnehme und sie auf einem Mörtelbrett neu aufschichte. Da es Steine und Ziegelscherben (von den Dachreparaturen) im Überfluß gibt, der Mörtel aber kostbar ist, verschließe ich größere Löcher mit Steinen, die ich rundum mit Mörtel beschmiere, in die nasse Fuge stecke und mit dem Hammer festklopfe. So arbeite ich mich voran, bis der Eimer leer ist und eine Fläche von anderthalb Quadratmetern saniert.

Die Oase von Gattaia

Topfeben und von bewaldeten Bergen umzingelt, bietet sich das Mugello dem ersten Blick, wenn kurz nach dem Futa-Paß der erste Blick auf eine Landschaft der Toscana möglich wird. Aber die Fahrt quer durch den Boden der Schüssel von Rand zu Rand, in meinem Fall von Pontavicchio nach Gattaia, zeigt in dieser Ebene sanfte Höhen und tief eingeschnittene Täler, in die kaum Sonnenlicht dringt, so dicht überwuchern dort die Waldreben Erlen- und Haselnußbüsche. Von einem schleimigen Tümpel zum nächsten kriechen dort die Bäche zur Sieve, die an heißen Sommertagen selbst nur eine Ansammlung solcher Tümpel ist, vielleicht ein wenig größer, sicher aber schmutziger als die der Seitenarme.

Man kann sich nicht vorstellen, daß diese kümmernden Rinnsale einmal rauschende Gebirgsbäche waren, die auf dem Weg in die Ebene, von vielen gierigen Rohren angezapft, alle Kraft verloren haben. An Schmutz werden sie um das reicher, was sie an Wasser verlieren; das Ganze mutet jemanden aus dem Norden besonders merkwürdig an, der doch gewohnt ist, daß alle fließenden Gewässer immer stärker und größer werden, je weiter stromabwärts man sie trifft. Hier ist es umgekehrt: Begegnet der Wanderer dem Muccione in einem der tief eingeschnittenen Täler der Ebene, wird er nicht daran denken, daß er hier das traurige Ende eines kräftigen Gebirgsflusses vor sich hat, der in Molezzano oder Padule nur einen Bruchteil der Kraft seines Oberlaufs hat. Er wird daher nicht den Plan fassen, flußaufwärts zu gehen, um einen Badeplatz zu finden, sondern sich ganz abwenden und die *piscina communale* von Vicchio aufsuchen, die chlorgeschwängert über dem Sieveufer liegt.

Von Gattaia aus, wo der Muccione auf die Ebene trifft, weist ein roh gemaltes Schild zur *Oasi di Gattaia*. Die Gemeindestraße mündet in einen schlechten Kiesweg, der über Gräben und Bukkel am linken Ufer des Flüßchens in einen dichten Wald führt, vorbei an dem Damm, der einen großen Teil des Wassers sammelt und in die Leitungen der Dörfer einspeist. Weiter oben, dicht bei einem zweiten Reservoir, führt der jetzt nur noch für Geländeautos geeignete Weg durch das Flußbett zu einer großen Wiese. Hier zeigen rostige Stühle und eine von großen Flußsteinen gefaßte Feuerstelle, daß manchmal Picknickgäste hierherkommen. An Werktagen ist es hier aber fast immer ganz einsam. Jetzt führt ein Fußpfad den Fluß entlang, der sich völlig verwandelt hat: geräuschvoller als in der Ebene springt er über Mergelstufen, jeden grünen Schleim hat er abgeworfen, einzelne Wasserfälle haben tiefe Mulden in die Mergelstufen geschliffen, in denen man ein Dutzend Schwimmzüge tun kann, ohne sich die Knie zu stoßen. Die mitgerissenen Luftblasen perlen in den Gumpen wie in einem Champagnerglas; das Wasser ist so klar, daß sich jeder Stein auf dem Grund, jede Elritze erkennen lassen, so sauber, daß die Steine rauh sind und nicht glitschig und so kalt, daß die Frische auch an heißen Tagen noch eine Stunde später auf der Haut prickelt. Im Leopardenfellschatten der Kastanienwälder führt ein gewundener Pfad von Gumpen zu Gumpen. An jedem fällt die Entscheidung schwer, hineinzutauchen oder weiter oben einen noch schöneren zu suchen.

Der Muccione schüttelt sein Bett bald nach links, bald nach rechts. Wo er auf den heftigsten Widerstand stieß, unter den steilen Felswänden, sind die tiefen Höhlen ausgewaschen. Dort hängen Efeuvorhänge über idealen Verstecken, von denen aus der arkadische Jäger Aktäon ganz ungefährdet dem Bad der Artemis hätte zusehen können. Unten ist die Oberfläche gerade da, wo ein Sonnenfleck liegt, von Wasserläufern gesprenkelt. Ich wüßte gern mehr über diese selten gewordenen Insekten. Grenzgänger sind sympathisch, auch jene zwischen der Luft und dem Wasser, denen ganz selbstverständlich ist, wozu wir Menschen eine Wundergeschichte brauchen. Sie leben, soweit ich mich erinnere, nur auf klaren Gewässern, vielleicht weil sie nur hier Feinde aus der Tiefe rechtzeitig erkennen.

Die tiefsten Gumpen entstehen da, wo das Wasser einen Felsriegel durchbrechen muß und über die letzte Schwelle zu einem flachen Stück abstürzt. Dieses Becken entleert sich nicht so rasch wie die Stufen an felsigen Stellen, wo Wasserfall auf Wasserfall folgen und jeder im Rückwärtswandern das Becken verkleinert, das über ihm gegraben wird. Seit langem hat der Muccione sein Bett knochenweiß gewaschen. Nur die Seitenbächlein spülen noch Schmutz herein; daran erkennt man sie beim Gang durchs Bachbett flußaufwärts schon lange, ehe sie über bemooste Wände heruntertropfen, aus einer sumpfigen Bucht sickern oder wie jene chinesischen Ströme, die durch ihre Ablagerungen auf einem erhöhten Bett fließen, über wolkenförmige, algengrüne Hügel sickern.

Der Haken

Unter dem ausgehöhlten Sandsteinquader, der in die Nische des einzigen Fensters der Wohnküche eingemauert ist und als Spülstein diente, ragt ein Haken aus der Mauer, ein daumendickes Eisen, eine Spanne lang, vorne nach oben gekrümmt. An diesem Haken hing kühl im Schatten die *broca*, eine Kupferkanne mit zwei Henkeln, einem oben zum Tragen und Aufhängen, einem seitlich zum Gießen. Die Menschen, die in den letzten zweitausend Jahren hier lebten, hatten nur diese *broca*; sie war alles, was sie an Wasserversorgung brauchten, um zu trinken, um sich zu waschen, um ihre Speisen zu kochen und um das Geschirr zu spülen. Die Form der *broca* ist mir aus archäologischen Funden vertraut. Wahrscheinlich begleiteten in den Etruskergräbern, die in Pfeilschußweite über uns liegen, ähnliche Gefäße die Toten.

Die *mezzadri*, welche 1955 das Haus verließen, nahmen ihre *broca* mit. Bei unserem früheren Nachbarn, dem Hirten Dario Pampalone, habe ich sie noch hängen sehen, obwohl im Spülstein längst eine Plastikschüssel stand. Dem gefüllten Krug und dem brennenden Feuer, beiden begegnest du gleich hinter der Tür, wenn du von draußen kommst. Die Wohnküche mit dem offenen Herd ist Wächter und Zentrum des Hauses. Von hier aus gehen die Türen in die Speisekammern und in die Schlafräume. Ein geschwärzter Kessel, einige Töpfe und Pfannen, Tonschüsseln für Grünzeug, wilde Salate, die immer dann am besten wachsen, wenn das Obst fehlt. Einige Würste und Schinken hängen von den Deckenbalken. Ein Kasten Mehl, Tonvasen mit schwerem Deckel für Öl und Honig, ein paar kleine Fässer voll Wein.

Ich sehne mich oft nach diesem einfachen Haushalten, das eine Kette von Jahrhunderten fortsetzt und mich zu einem Glied darin macht: Warum, statt die Gasflamme zu zünden, nicht ein kleines Reisigfeuer anfachen, um das Teewaser zum Sieden zu bringen, am Abend in der Glut Kartoffeln backen und ein Stück Fleisch auf den Grill legen? Ein Haushalt voller Ruhe, wie Verdauung: die Küche schluckt das Holz aus dem eigenen Wald und speit Rauch aus dem Schornstein, bald auch Asche, Dünger für den Wald. Die Quelle liegt unter den Pappeln, dreihundert Schritt tiefer, und während die *broca* sich füllt, breche ich trokkene Äste von den Eichen und sammle Pinienzapfen, die brennen wie Fackeln. Nur selten muß Geschirr gespült werden, denn das Brot, im Monatsvorrat in dem gewölbten Ofen unter dem Anbau gebacken, ist bald so hart, daß jedes Restchen Sugo und Öl aus Pfanne und Schüssel gewischt wird, um es genießbar zu weichen.

Das Holz im Wald, das Bau- und Schreinerholz, ist männlich *(legno)*, Brennholz aber weiblich *(legna)*. Die Frau hütet das Feuer, während der Mann die Bäume fällt und die dürren Äste neben die Türe und in den Vorplatz des Backofens schichtet. Ich habe ein Bühnenbild entdeckt, in dem ich versuche, mich an eine vergessene Rolle zu erinnern, während die Szene an ihren Rändern sich in die Wildnis auflöst und die Bergahornstämme nicht mehr in gestutztem Gehorsam die Weinranken tragen, sondern sie mit sich hinaufreißen in unerreichbare Höhen oder sie abschütteln und mit ihrem Schatten ersticken: Revolution im vegetativen Verhältnis von Herr und Knecht.

Warum hing die *broca* an einem Haken? Wäre es nicht einfacher, sie auf den Boden zu stellen? Der Haken gab ihr einen festen Platz im Haus, und jeder wußte, wohin sie gehörte und wo sie auch im Dunkel zu finden war. Zu tappen und zu tasten waren an langen Abenden in den nur von Glut erleuchteten Räumen genug. Aufgehängt konnte sie nicht umkippen und war sicher vor Hunden oder Hühnern, die in die Küche streunten. Die *mezzadra* konnte fegen, ohne den Krug umzustoßen. Es gab keine nassen Ringe auf dem Boden wie von unseren Schöpfeimern. Wie die Tonkrüge in Afrika wurde auch die *broca* auf den Häuptern der Frauen von der Quelle her zum Haus getragen. Sie ließ sich besser balancieren als unsere Gefäße; auch schützten ihre Form und diese Art des Tragens das Wasser vor den Fragmenten von Blättern und Gräsern, die es im Eimer beim Gang durch den Wald verschmutzen.

Genau betrachtet kündet der breitmäulige Wassereimer, den wir verwenden, im Vergleich zum Krug bereits die später zum Extrem gesteigerte Verschwendung der Wasserleitung an. Früher waren Eimer nur für Wasserabfälle vorgesehen, zum Putzen und zum Löschen des Feuers. Zum Brunnen gingen die Mädchen mit Krügen, die einen engen Hals haben und sparsam gießen. Nur wer jedes Pfund Wasser selbst in sein Haus tragen muß, der weiß nicht nur, daß es kostbar ist, sondern wird auch stets daran erinnert, es niemals unbedacht zu verschwenden. Diese sinnliche Erinnerung ist für unser Leben bedeutungsmächtiger als ein Wissen, dessen Gültigkeit im zustimmenden Nicken schon wieder verschwindet.

Wieder kommt die Abreise auf mich zu, unentrinnbar, bestimmt von Angst und Trauer und ein wenig Freude auf ein schönes Zimmer in der Stadt und Neugier auf die Briefe, die da liegen mögen. Ich fürchte mich vor der Steuerprüfung, die ins Haus steht, vor den Vorträgen, die ich halten soll und mit einem Selbstvertrauen zugesagt habe, das mir jetzt aberwitzig erscheint. So hänge ich am Haken meiner eigenen Regression, meiner Sehnsucht nach dem Urzustand, der sich eingestellt hat und jetzt wieder preisgegeben werden muß. Meine eigene Planung reißt mich aus dem Leben hier, und den Haken, der schmerzt, habe ich selbst geworfen und geködert. Die Trennung ist wie für immer, ich kann mir nicht vorstellen, daß ich den Mond nächstes Jahr wieder zwischen den Zypressen sehen werde und den Schweiß des Sonnenbades auf der kleinen Terrasse vor dem Schweinestall in einem Tümpel des Bachs abwaschen werde. Nie wieder werden die Schmetterlinge über dem Oliveto tanzen, werde ich morgens die Eichhörnchen aus dem Nußbaum scheuchen und einige reife Feigen vom letzten, sorgfältig freigelegten Baum holen, der hinter der *capanna* steht. Es scheint mir, daß die Zivilisation zu dichteren Grenzen und härterer Autonomie erzieht, daß sie dem Individuum überall gleich begegnet und es daher auch vor aller Trennung schützt, während sich verstrickt, wer ins Vegetative fällt, in diese summende, raschelnde Wildnis, in eine lebendige Ruhe, die süchtig macht und den Unterschied zwischen dem Verlust des eigenen und dem so vielen Lebens um mich verwischt.

Schlangengeschichten

Und die Schlangen? Habt ihr keine Angst vor den Schlangen? Was, kein Serum im Haus? Solche Fragen stellen vor allem italienische Städter. Die meisten von ihnen haben auch Geschichten parat von Vipern, die aus dem Gully der Badewanne kriechen, und Pilzsuchern, die gebissen wurden.

Habe ich Angst vor Schlangen? Ein wenig, so wenig, daß ich eher freundlichere Worte verwenden möchte: Respekt, Vorsicht, auch Neugier. Wenn ich im hohen Sommer nur mit Sandalen zum Bach gehe, schaue ich genau auf den Weg, um diese Zeit lassen sich die Schlangen aber nie blicken. Im Frühling und Herbst, wenn man sie eher auf den Sonnenplätzen finden kann, bin ich ohnehin durch feste Schuhe geschützt. Dann sehe ich gelegentlich eine kälteträge Schlange und betrachte sie genau; wenn sie wartet, bis ich das getan habe, ist es meist eine Viper, denn andere Schlangen sind schneller und haben vielleicht auch weniger instinktive Sicherheit, daß sie respektiert werden. Nur einmal bin ich wirklich erschrocken. Ich sammelte in den Ruinen von Monte Sassi alte Ziegel. Ich hob einen *embrice* auf. Unter ihm lag zusammengeringelt eine Kreuzotter, die mir in meinem Schreck so dick erschien wie mein Arm. Ich zuckte in der einen Richtung zurück, sie glitt in der anderen fort.

Die meisten Schlangen sind harmlose Mäusefänger, Ringelnattern mit goldenen Halbmonden am Kopf, grüne Äskulapschlangen und schwarze Zornnattern, schnell wie ein Peitschenhieb. Die meisten Hirten und Bauern, die ich im Mugello kennengelernt habe, beziehen sich auf Schlangen so wie der berüchtigte General der US-Kavallerie auf Indianer: Nur die tote Schlange ist eine gute Schlange. Was da kriecht, wird erschlagen. So findet man gelegentlich eine Schlange mit gebrochenem Rückgrad am Weg, und es ist nur ganz selten eine Viper.

An einem milden Augustabend hatte uns der Astronom in sein

Haus hoch über dem Mugello eingeladen, um seinen Geburtstag zu feiern und den Saturn zu betrachten. Es war eine gemischte Gesellschaft – ein Dominikanerpater aus Argentinien, der die nächste Pfarrei verwaltete, der Maurer Renzo und seine Frau Maria, die Baronin, von Geburt Deutsche, aber seit 25 Jahren in Italien, mit einem Florentiner verheiratet, der Baron, groß, graumeliert, sein Sohn, honigblond und mit klassischem Profil, ein Student der Ingenieurwissenschaften. Der Baron brachte einen Korb mit großen, duftenden Pfirsichen aus der neugepflanzten Obstplantage, der Maurer einen Fiasco, kräftigen Weißwein, es gab Hühnerbrust in dezent gewürzter Brühe, Fleischbällchen und Tomatensalat.

Die Baronin, eine schöne und energische Frau, redete in zwei Sprachen über ihre Hunde; einer davon, ein zutraulicher Jagdhund, war mitgekommen und blickte aufmerksam. Zwei seiner Vorgänger seien an Schlangenbissen gestorben. Der eine kam zurück aus dem Gebüsch, lahmte, verdrehte die Augen und starb in zwei Tagen, keiner wußte warum. Als ihre Hündin Diana mit den gleichen Symptomen gelaufen kam, gab ihr die Baronin auf Verdacht hin das Vipernserum, und Diana überlebte. Aber als die Hündin älter wurde und nach einem Sturz nicht mehr aufkam, vermutete der Tierarzt innere Blutungen und fragte, ob Diana jemals von einer Viper gebissen worden sei. Und als die Frage bejaht wurde, erklärte er, in diesem Fall könne man nichts mehr tun, die Blutgerinnung sei gestört. Das Tier werde sterben. Und so war es auch.

«Der Hund sieht die Viper», sagte Renzo, «und beschnuppert sie, wie Hunde tun, und – *tac* – hat sie ihn gebissen. Wenn sie vor kurzem gefressen hat und ihr Gift verbraucht ist, kann er es überleben. Wenn nicht, gute Nacht.»

Als Renzo *tac* sagte, grinste er, der Jagdfunke blitzte in seinem Blick, eine zustoßende, peitschende Geste mit der Gabel. Dann legte er das Besteck beiseite.

«Einmal war ich auf einem Dach. Ich warf die alten Ziegel herunter. Und da lag die Schlange, und – *tac* – hatte ich sie am Hals. Mein Bruder, der auch Maurer ist, oder Maria hier, die wären heruntergefallen. Die fürchten sich vor Schlangen. Ich fürchte mich nicht. Ich kriege sie alle.»

«Sei still mit deinen Schlangen», sagte Maria heftig und gutmütig. «Mir machen sie angst. Auf mich haben sie es abgesehen. Neulich sind wir zu vierzehn spazieren gegangen. Ich war die zwölfte. Aber zu mir ist die Schlange gekommen. Vor mir ist sie über den Weg. Ich weiß es: Sie hatte es auf mich abgesehen.»

Die mandelförmigen Augen über den hohen Backenknochen leuchteten. Mit der struppigen Dauerwelle und in einer blaukarierten Kittelschürze wirkte Maria auf den ersten Blick wie eine Hausfrau, die ihre Küche kaum mehr verläßt. Aber sobald sie erzählte, erfaßten ihre Gefühle die Zuhörer; wovon sie redete, schien wie magisch belebt; neben ihr wirkte Renzo wie ein Werkzeug, ein Kämpfer und Jäger voll guter Absichten und Eigenlob.

«Das war Zufall», sagte er jetzt. «Ich hätte da sein müssen – ade, Schlange!»

«Als ich noch sehr jung war, fast ein Kind, sollte ich die Schafe hüten», sagte Maria. «Ich sah plötzlich, daß sich diese Biester wieder einmal fast bis an den Rand des Kleefelds unseres Nachbarn verlaufen hatten. Zuviel Klee ist Gift für sie, aber sie haben eine teuflische Lust darauf. Der Nachbar hatte gesagt, beim nächstenmal hole ich meine Jagdflinte, wenn deine Schafe in meinen Klee gehen. Ich lief mitten durch ein Stück Brachland. Das Unkraut ging mir bis zu den Hüften. Und plötzlich merkte ich, wie sich eine Schlange um meinen Fuß wickelte. Es war ein unbeschreibliches Gefühl. Ich hatte aber keine Angst vor der Schlange, ich wollte nur zu meinen Schafen. Die Schlange hat mir nichts getan. Es war nur dieses Gefühl. Ich habe sie nicht gesehen. Angst habe ich erst seit dem zweiten Mal. Da waren wir mit den Schafen am Flußufer, meine Freundin und ich. Ich stand zwischen zwei Büschen, da schrie meine Freundin: ‹Die Schlange! Die Schlange!› Ich spürte, wie sie über mein Gesicht und meinen Hals glitt. Ich kann das bis heute nicht vergessen. Diese Schuppen auf der Haut, kalt wie der Tod.» Maria schüttelte sich vor Ekel. Dann setzte sie hinzu, und es klang wie enttäuscht, als sei etwas unvollständig geblieben, und sie müsse nun immer darauf warten und es für immer fürchten: «Sie hat mich wieder nicht gebissen!»

«Eine Schlange ist nicht glatt», sagte Renzo. «Sie ist hart und rauh. Einmal bin ich bei der alten Mauer in Vespignano auf zwei Schlangen gestoßen. Die eine hab ich gleich erwischt. Ich hatte meinen Stock dabei. Die andere schlüpfte in ein Loch. Ich gleich mit der Hand hinein, und schon hatte ich sie am Schwanz. Man muß eine Schlange immer am Schwanz packen, dann kann sie nicht mehr fliehen. Dann macht man *tac*, wie mit einer Peitsche, da bricht ihr sofort das Rückgrat. Aber diese Schlange hatte sich in dem Loch festgekrallt. Ich hätte sie nie lebend herausbekommen. Damit ich sie nicht zerreiße, habe ich ganz langsam gezogen, bis, *tac*, das Rückgrat gebrochen ist. Dann wurde sie ganz weich, und ich konnte sie herausziehen.»

«Renzo ist ein großer Jäger, nicht nur von Schlangen», sagte der Baron. «Er ist auch sehr fromm. Aber ein einziges Mal habe ich ihn doch gar nicht fromm reden hören, man möchte es nicht für möglich halten. Das war, als wir den ganzen Tag hinter einem Reh her waren, durch dick und dünn, bergauf, bergab. Und gerade in dem einzigen Moment, in dem wir durch das Dikkicht zum Schuß kamen, da blockierte sein Gewehr. Und Renzo hier sagte ganz unchristliche Dinge.»

«Nicht jetzt, nicht hier, wo der Herr Pfarrer dabei ist», lachte Renzo.

«Bekam man nicht früher für jede Viper von der Gemeinde fünftausend Lire?» fragte die Baronesse.

«Da hätte ich viel Geld machen können», sagte Renzo. «Hier in der Commune von Vicchio war das nie so. ber ich habe einige Male Vipern gefangen und in Flaschen gesperrt.»

«Um Himmels willen, gefangen? Bei der Liebe Gottes! Mit bloßen Händen? Und wie bringst du die Viper in die Flasche?»

«Ganz einfach. Ich schneide mir mit dem Taschenmesser einen kleinen Stock, wie zum Pilzsuchen, mit einer Astgabel vorne. Damit halte ich sie am Kopfansatz fest und stülpe ihr den Flaschenhals über die Schnauze. Dann lasse ich langsam locker.

Sie kann nur hineinkriechen. Ich muß nur aufpassen, wenn sie ganz drin ist, dann dreht sie sich nämlich schnell um und will wieder heraus, weil ihr die Luft knapp ist, da stecke ich, *tac*, schnell den Stöpsel auf die Flasche. Dann ist sie schön eingesperrt und schadet keinem mehr und erstickt langsam. Ich habe das mit einer großen und einmal auch mit einer kleinen Viper gemacht.»

«Sind auch die kleinen schon giftig?» fragte die Baronesse.

«Wissen Sie nicht, daß die Viper lebend gebiert? Die übrigen Schlangen legen Eier. Sie sind größer als die Eidechseneier, die wir oft in den Sandhaufen finden, groß wie Taubeneier, aber sie kleben aneinander. Die Viper aber, die klettert auf einen Zweig und gebiert ihre Jungen von oben, eines nach dem anderen. Wenn sie alle gleichzeitig ausschlüpfen, würden sie sich beißen und gegenseitig umbringen. Aber so kann jede kleine Viper wegkriechen und sich verstecken.»

«Diese Geschichte kenne ich schon», sagte die Baronesse. «Aber ich glaube sie nicht.»

«Natürlich ist sie wahr», sagte Renzo. «Wie könnte es anders sein? Sie haben diesen Instinkt, zu beißen, was sie bedroht. Und sie erkennen sich nicht gegenseitig. Das tun sie erst später, wenn sie sich paaren.»

«Das habe ich einmal gesehen», sagte Maria. «Sie richten sich auf, sie umschlingen sich, sie machen eine Menge Lärm dabei. Es ist ein Schauspiel.»

«Und?» fragte die Baronin.

«Ich habe nichts gemacht, gar nichts», sagte Maria. «Es bringt Unglück, wenn man Schlangen erschlägt, die sich paaren.»

«Ach nein, wirklich?»

«Wissen Sie das nicht?» fragte Renzo. «Es ist freilich für Männer viel schlimmer als für Frauen. Sie werden impotent.»

«Ach du!» sagte Maria.

Der Zusammenbruch des Sommers

Ende August setzt der Kampf zwischen der Sonne und den Wolken ein. Am Nachmittag donnert es vom Monte Giovi und aus der Ebene. Die Landschaft scheint den Atem anzuhalten: kommt die Abkühlung, bricht die Hitze? Dunkle Wolken ziehen auf, Blitze zucken, ein Wind kommt und geht wieder, eine Bö reißt einen Schauer trockener Blätter vom Nußbaum. Aber nach anderthalb Stunden Donnergroll und Wettergeleucht bricht sich die Sonne wieder Bahn und scheint ungemildert bis zum Abend.

Es ist sehr still. Den Tag über hört man kein Tier außer dem Rascheln der Eidechsen und dem Gleiten der Schlangen. Zwei Schuppenhemden haben sie zurückgelassen; ich fand sie unter den Ranken, die ich mit der Sichel von den Hausmauern zurückschnitt, um zu verhindern, daß sie in die Fugen eindringen.

Ein neues Gewitter kommt zwei Tage später, es rumpelt und finstert, aber wieder fällt kein Tropfen Regen. Am Abend sammeln sich die dunklen Wolken noch einmal und wachsen pilzförmig über den Himmel, wieder viele Blitze und Gerumpel, das seine Lautstärke mählich steigert. Endlich ein Regentropfen, aber es wird kein ordentlicher Regen daraus, einer fällt nach und neben dem anderen, wie die Töne aus einem Schülerorchester. Ich sitze dann gerne in der langsamen Abkühlung, hie und da von einem schwermütigen Tropfen getroffen, während feurige Adern über den düsteren Himmel zucken und Wolken für einen Augenblick glühen. Aus dem Boden steigt mit dem Wasserdampf ein süßer Duft nach Heu und gedörrten Pilzen.

Die Flanke des Hügels gegenüber dem Haus ist von dichtem Wald bedeckt. Es ist sozusagen authentischer Wald, schon seit Menschengedenken am Ort. Der Hang liegt nach Nordosten, der unsrige nach Südwesten; außerdem ist er hier viel sanfter geneigt. So liegen fast alle verlassenen Gehöfte auf dem Südwesthang, wo man auch nach hundert Jahren in den dann dichten

Wäldern die einstigen Felder noch an den bis zu vier Meter hohen Trockenmauern erkennen wird, die das Land terrassieren, so daß der Boden für die Reihen von Reben, Birnen, Oliven und Pfirsichbäumen tiefgründig genug wird.

Wer um diese Augustzeit wandern will, tut gut daran, die trockenen Bachbetten zu nutzen. Es ist kühler hier. Selbst wenn kein Wasser mehr fließt, bleiben doch ein tiefer Schatten und ein Atem von Feuchtigkeit zwischen den einzelnen Tümpeln, in denen verängstigte, dickköpfige Fische zappelnd nach einem Versteck suchen. Wie gut, daß die Fischer von der Sieve nie hierherkommen, sie könnten mit Händen greifen, wonach sie drunten stundenlang ihre Angel auswerfen müssen. Nur manchmal versperren große Felsbrocken den Weg und zwingen, halsbrecherisch den Steilhang entlangzuhangeln und der trügerischen Festigkeit von Waldreben zu vertrauen. An einer Stelle hat eine riesige Pappel, vom Winterregen unterspült, ihren Halt am Steilhang verloren und ist in das Bachbett gestürzt; ihr efeuumsponnener Stamm liegt auf seinen Aststelzen so hoch, daß man sich ein Brückengeländer wünschen möchte. Unangefochten von der Trockenheit, stehen sattgrüne Farnwedel auf den bemoosten Steinen.

Der Boden im Mischwald ist von gefallenen Kastanienblättern und Pinienzapfen mit weitgeöffneten Schuppen übersät. Vom Klang der Schritte aufgeschreckt, läßt manchmal ein Eichhörnchen hoch oben in einer Pinienkrone einen benagten Zapfen fallen, der wie ein Geschoß neben dem Weg einschlägt; so mögen Reisende in den Tropen den Eindruck gewonnen haben, daß die Affen mit Kokosnüssen auf sie zielen. Auch die Pinien werfen in der sommerlichen Trockenheit einen Teil ihrer Nadeln ab, sie hängen wie Lametta an den dünnen Ästen des Unterholzes.

«Morgen regnet es», sagte die Frauenstimme aus dem Schatten der halbgeschlossenen Läden im ersten Stock der *Casa del Prosciutto* in Pontavicchio. «Ich habe es im Radio gehört!»

«Das sagen sie jetzt jeden Tag, und jedesmal wird es einen Tag später», meinte der Mann auf dem Steinbänkchen neben dem Eingang zur Bar mürrisch. Der wolkenlose Morgen versprach ungemilderte Hitze. Wenn du aus der Tür in die Sonne trittst, empfängt sie dich wie ein Polster, eine unsichtbare, elastische Mauer. Die Welt gliedert sich in Sonne und Schatten, und diese Sonne ist nicht mehr, wie im Frühling, der warme Strahl, in dem du ruhen möchtest, wenn du von der Wanderung im Laubschatten fröstelst, bis sich das leise Glühen deiner Haut mit dem Pochen deines Herzens mischt. Sie ist unbarmherzig wie ein Sklaventreiber, sie jagt dich dorthin, wo es zu trinken, wo es Schatten gibt. Es ist die ruhelose Sonne der Wüste, die Sehnsucht nach dem Mond weckt, nach dunklen Höhlen, Klüften und Tümpeln unter undurchdringlichem Laub.

Aber die Toscana ist keine Wüste, sondern ein in Herbst und Frühling üppig bewässertes Land. Wenn etwas Grausames einen Krieger trifft, bewegt uns das weniger als die gleiche Verletzung eines Kindes: Die Wüstenpflanzen haben ihre Rüstungen gegen die Dürre, die Gewächse hier nicht. Sie kämpfen, so gut sie können, lassen die Blätter hängen, werfen ab, was entbehrlich ist, geben einen Teil der Krone preis, um den Rest zu retten. Die Pinienzapfen bersten mit einem Geräusch wie dem Zerreißen von dickem Papier und streuen geflügelte Nüsse in das gelichtete Unterholz. Die Disteln samen; wo es aber nicht darum geht, die Gunst der allgemeinen Niederlage des Wachstums zu nutzen, um sonst dicht bedeckte Erde zu erreichen, steht alles still und versucht, den Dürretod noch ein wenig hinauszuschieben.

Die Bäche sind verschwunden, der Bürgermeister verbietet auf großen Plakaten, den Rasen zu sprengen, und Nachbarn, die seit Jahrzehnten friedlich eine gemeinsame Quelle geteilt haben, geraten in Streit. Eine alte Freundin ist völlig verbittert. Ihr Nachbar hat an seine Hälfte dieses Wasserrechtes zu den Zeiten, als es noch unerschöpflich schien, weil es keine Waschmaschinen, Bäder, Gartenduschen und Rasensprinkler gab, drei neugebaute Häuser gehängt. Nun muß sie um jeden Tropfen kämpfen, denn er hält es für selbstverständlich, daß von nun an durch fünf geteilt wird und nicht durch zwei. Einem anderen Freund sind die zahlenden Gäste nach zwei Tagen abgereist, weil sie das gemietete Haus ohne einen Tropfen Wasser vorfanden; alle reden davon, große Vorratsbehälter zu bauen, und klagen über die hohen Kosten. Unsere kleine Zisterne hat bisher jeden Sommer überbrückt; ohne Dusche, Wasserklosett und Waschmaschine, mit einem Garten voller abgehärteter Wildpflanzen brauchen wir wenig.

Wo Flüsse den Unrat kleiner Städte fortspülen sollen, beginnt es zu stinken. Dicke Ratten kriechen durch Kanäle, in denen ihnen (wie uns auf den Waldwanderungen im trockenen Bachbett) kein Wasser mehr den Zugang verwehrt. In den Zeitungen stehen Berichte über öffentliche Wassernetze, die seit Jahr und Tag nur einen Bruchteil der eingespeisten Brunnen und Quellen bei den Verbrauchern abliefern, ohne daß jemand die Leckstellen benennen kann: gibt es geheime Anschlüsse, wo Mafiosi ohne Wasserzähler zapfen, oder sind die Rohre so morsch, daß der unauffindbare Rest versickert?

Tier und Mensch führt diese Hitze zu einer ebenso natürlichen Faulheit, wie die Kälte einen notgedrungenen Fleiß bedingt, um sich zu erwärmen. Fast nackt in der freien Landschaft zu sitzen, froh um jedes Stückchen Schatten, jeden Lufthauch und nur zu atmen. Wo es so heiß ist, scheint es lächerlich, den Wert eines Menschen daran zu messen, was er leistet. Wenn er nur schön ist, wie Tadzio im choleragefährdeten Venedig: das genügt.

Ich habe oft fasziniert vom großen Eisstoß in Alaska gelesen, jenem Tag, über dessen Datum Wetten abgeschlossen werden, an dem die Eisdecke des Yukon unter dem Druck der Schmelzwasser birst und Labyrinthe getürmter grüner Schollen die Ufer säumen. Als Kind bin ich an den vertrauten Badeplätzen der Ilz, des kleinsten und klarsten der drei Flüsse von Passau, in den Trümmern eines solchen Eisstoßes staunend herumgelaufen und habe daraus die jetzt fast fünfzig Jahre unerfüllte Sehnsucht genommen, es noch einmal zu tun, in Eisbrüchen, die mit mir gewachsen sind. Aber nicht nach Klondike, sondern nach Vicchio hat mich mein Schicksal geführt. So kann ich über den Zusammenbruch der großen Hitze sprechen, der irgendwann zwischen August und September, manchmal später, manchmal früher, den erstickenden, staubigen Sommer in den von Licht und Wind erfüllten, frühen Herbst verwandelt, die schönste Zeit des Jahres, in der die Hügel fast jeden Morgen klar aus dem Frühnebel steigen, die Spinnennetze von Tautropfen funkeln, die Wiesen sich noch einmal begrünen und die Zyklamen blühen. Zwei Monate später erst kommen Kälte und Regen.

Ich habe eben ein Sommergewitter beschrieben, dessen Regen wie Tropfen auf einer glühenden Platte tanzt. Es macht die Hitze nachher doppelt stechend. Irgendwann aber gibt es ein ganz anderes Gewitter als dieses, dessen Grollen nur Ohnmacht ausdrückt. Es sind keine verlorenen Tropfen und kurzen Güsse mehr, die von dem steinharten Boden abprallen und sich in einem feinen Dunst verlieren, der aus den Wäldern steigt, sondern eine Parforce-Attacke von Platzregen und Wolkenbrüchen, so daß die Dachrinnen überschäumen und die Zweigspitzen der Bäume einen silbernen Schleier zu Boden senken.

Am nächsten Morgen ist der Himmel blankgeputzt. Bisher im Dunst der Hundstage verlorene Hügel stehen da wie geladene und doch schon aufgegebene Besucher. Der Geruch nach den feinen Ölen von Minze, Thymian, Oregano und Rosmarin, der bisher jeden Schritt begleitet hat, ist verschwunden. Im ersten Aufprallen und Zerstäuben der Regentropfen war noch ein metallischer Duft, dem aufeinandergeschlagener Quarze ähnlich. Jetzt, nach dem Regen, beherrscht das Gewürz von schwarzer Erde und faulenden Blättern den Morgen. Plötzlich öffnen sich Risse in den Früchten des Nußbaums, und er läßt sie fallen. Eichhörnchen zanken sich in der Morgendämmerung und springen mit dem Geräusch rollender Kiesel über das Dach. Im Wald erprobt ein Jäger die Gefügigkeit seiner jungen Hunde, die glöckchenbehangen im Dickicht stöbern. Sein penetrantes *qua! qua!* (hierher, hierher) weckt den Wunsch, daß doch ein großer Storch kommen und diesen Störenfried verschlucken möge. Aber er hätte noch mehr zu tun, denn nach dem Hundeschreier kommen Pilzsucher, die vor allem die Vornamen ihrer Begleiterinnen in die Gegend rufen, und Brombeerensammler, die *Madonna puttana* kreischen, wenn sie sich in die Finger gestochen haben. Die Sonnenhitze hat dem Wald eine große Ruhe geschenkt und ihn vor solchen Besuchern geschützt. Nachrichten über Waldbrände sind hier nur ein böses Gerücht.

Ein einziger dieser Regentage reißt tiefe Gräben in den Staub der Wege, wenn die schräggezogenen Rinnen nicht frei gehalten werden, sondern – vom angeschwemmten Laub verstopft – den Sturzbach nicht mehr hindern können, sein Bett einzutiefen. Selbst der grobe Schotter der Landstraßen wird unterspült und fortgetragen; auf Lehmschichten gleiten plötzlich schwer gewordene, nasse Böden wie auf Schmierseife ins Tal. *Pericolo di frane*, warnt ein Verkehrsschild: Erdrutschgefahr. Auf den Waldpfaden sammeln sich mitgerissene Blätter zu kniehohen Wällen, zwischen denen ein Stachelschweinkiel schimmert.

Von einem Tag auf den anderen ändern sich das Klima, die Lebensweise, die Art, sich zu kleiden, und der Tagesablauf. Wir sind keine Beduinen mehr, die sich vor der Sonne verbergen, so gut es geht, sondern Mitteleuropäer, die ihre Liegestühle aufklappen und in die Sonnenflecken stellen, die sie zwischen Wolkenschatten, Bäumen und Häusern finden können.

Auch während der großen Hitze sammle ich jeden Tag einige dürre Äste und zünde ein Kaminfeuer an, das gerade so lange brennen soll, um die für den Kompost ungeeigneten Abfälle einzuäschern und das Spülwasser zu erhitzen. Wenn wir nicht grillen, ist es ein kleines, helles Feuer von fünf bis zehn Minuten, das kaum Glut zurückläßt. Dennoch bin ich dann, mit dem warmen Wasser und dem Geschirr beschäftigt, der einzige, der in der Wohnküche bleibt. Die anderen ziehen einen Platz unter dem Nußbaum vor und betrachten den Sternhimmel. Zwei Tage später wünschen sie sich ein richtiges Feuer mit Glut bis in die späten Abendstunden. Denn obwohl es mittags so warm ist wie früher, sind die Abende kühl geworden.

Erdverbindungen

Unsere Vorfahren, die die Gabe hatten, alles zu poetisieren, machten aus diesem an sich unsauberen Teil … einen Ort des guten Geschmacks, verbanden ihn mit den Schönheiten der Natur und umgaben ihn mit einer Aura von liebenswürdigen Assoziationen. Verglichen mit der Einstellung der Abendländer, die den Ort von Grund auf als unrein betrachten und sich sogar scheuen, in der Öffentlichkeit davon zu sprechen, ist die unsere viel weiser und erreicht ein Höchstmaß an geschmacklichem Raffinement.

Das sagt Tanizaki Jun'ichiro in seinem Entwurf einer japanischen Ästhetik «Lob des Schattens».* Unser Haus hat einen Abtritt, am Ende des Ganges, mit einem kleinen Fenster nach Norden und einem Sitz aus graugeädertem, weißem Marmor. Er wird nur selten – etwa in einer regnerischen Nacht – benutzt. Der Ort des guten Geschmacks für das sonst Anrüchige ist die Wildnis selbst. Es war in einem Herbst, als ich begann, mir darüber Gedanken zu machen, und diese hingen mit dem Abschied zusammen, der immer dann bewußter wird, wie ein leise wachsender Schmerz, wenn die Tage kürzer sind, der Morgennebel sich im Tal sammelt und der Geruch des Sommers eine andere Farbe gewinnt. Der Herbst ist die Jahreszeit, welche die Laubwälder im Süden Europas am meisten von denen im Norden unterscheidet. Winterruhe, Frühlingserwachen, Sommerernte sind hier und dort verwandt. Aber der Herbst ist im Norden die nebelverhangene, kühle Vorbereitung auf den Winter, im Süden ein zweiter Frühling mit grünenden Wiesen, singenden Vögeln, wo Sonne und Regen aprilhaft wechseln, die Zyklamen unter den Maronenbäumen prangen und die Farne auf den bemoosten Felsen gedeihen. Die Pappel

* Zürich (Manesse) 1987, Übers. Eduard Klopfenstein, S. 11

hält, wie eine Mutter ihre jüngsten Kinder, nur noch die Blätter an den Junitrieben fest. Der große Nußbaum ist kahl. Mitten in ihrem Netz an dürren Fenchelstielen hat sich eine braune Spinne zu einer Kugel gerollt. Die Yucca schickt aus ihrer grünen Rosette einen Blütentrieb ins Ungewisse. Wenn es im November noch einige Sonnentage gibt, wird sich die mannshohe Traube weißer Glöckchen entfalten.

Was mir in der Stadt am meisten fehlen wird, ist ganz einfach und doch schwer zu finden: die Freiheit, morgens nackt aus dem Haus in die Vegetation zu treten, hinunter zum Zisternenvorplatz. Zu dieser Tageszeit empfinde ich am tiefsten, wie eingesperrt ich bin. Ich muß mich schützen, ich brauche die Haut der Wände, selbst in der Wohnung das Klosett, Badezimmer – ein Sträfling in der Hygienezelle. Der Komfort tröstet mich nicht – kaltes und warmes, fließendes Wasser, geruchlose Spülung, bequemer Sitz –, der Blick in den Spiegel deprimiert doch. So feindlich, wie ich mich darin mustere, bin ich mir selten. Noch bist du gesund, einigermaßen, aber du warst schon jünger und gesünder auch! Ich sehe nur mein eigenes Bild, pflege die eigene Haut, wer weiß, wie lange sie noch hält, aber Waschen und Rasieren, jeden Tag.

In der Wildnis gehe ich für alle intimen Entleerungen und Reinigungen aus dem Haus, begegne, wirrhaarig und den Schlaf noch im Auge, keinem Spiegel, sondern den Zypressen von San Biagio oder der Wolkenhaube auf dem Monte Giovi. Wenn ich in der Stadt mein Wasser abschlage, gehe ich immer an denselben Orte, mache die gleichen Bewegungen, es ist verlorene Zeit, Unlustvermeidung, kein kleines Abenteuer wie hier, wo ich die Wahl habe zwischen den vier Pfaden, die vom Haus in die Wildnis führen. Auf jedem kann ich entscheiden, wie weit ich gehen will, ob ich im Vorbeigehen einige reife Brombeeren pflücke, auf dem Rückweg einen dürren Ast für das Kaminfeuer am Abend mitnehme oder, gründlicher, einen Arm Brennholz sammle. Dann achte ich gleich bei der Suche darauf, daß unten eine trokkene Ginsterquaste liegt, die mit einem Streichholz entzündet den Rest in Brand setzt.

Es gibt etwas zu sehen, zu riechen, zu untersuchen, mitzubringen. Sind die Feigen reif? Beschattet der Bergahorn, der im ehemaligen Oliveto hochschießt, den kleinen Feigenbaum zu sehr, der aus dem vermorschten Stumpf seines Vorgängers gewachsen ist? Liegt die Zornschlange wieder auf den Sandsteinen der Trockenmauer, dort, wo die Abendsonne besonders lange bleibt? Sind die Farne in den Mauerritzen noch zu braunen Knöllchen gerollt, haben sie sich nach dem letzten Gewitterregen doch schon entfaltet? Sind neue Brombeertentakel über den Pfad gewachsen, die mit der Rebschere oder dem Haumesser durchtrennt werden müssen?

Ob ich in der Wildnis oder in der Stadt an einer Tastatur sitze und schreibe, macht kaum einen Unterschied. Aber die Pausen! Hunger und Ausscheidung sind die beiden großen Mahner, daß wir in Zyklen eingebunden sind, die uns periodisch aus den Welten unserer Ideale holen. Im städtischen Umfeld sind diese Unterbrechungen lästig. Hier werden sie zum willkommenen Anlaß, hinauszugehen. Da der nehmende und nährende Kontakt zur Erde auf die gelegentliche Pilz-, Brombeeren- und Eßkastanien-Beute beschränkt sind, muß der gebende gepflegt werden. Wer der einzige Mensch in einem Kreis mit einem Radius von drei Kilometern ist, die eigene Familie und den einen oder anderen Jäger ausgenommen, der ist auch sicher, daß er ungestört bleibt, wenn er unverdünnt zurückbringt, was in der Zivilisation durch Röhren- und Kanalsysteme verborgen abtransportiert und bis zur Unkenntlichkeit durchmischt wird. Er muß es auch tun, denn das Plumpsklo mit seiner Brille aus Carraramarmor fängt erbärmlich an zu stinken, wenn es regelmäßig benützt wird. Wir haben es uns lange angewöhnt, hinauszugehen, und die Gäste sollen es ebenso halten. Damit ist die Toilettenroutine gebrochen, aber nicht alle werden der Wildnis gerecht. Manche besetzen einen Platz zwischen den Büschen nah am Weg mit dichten Haufen und lassen rosa Papier liegen, das der Herbstwind vergeblich aus den Krallen der Brombeer- und Rosenranken zu reißen sucht. Seit solchen Beobachtungen ist in den Ratgebern für die Besucher vermerkt, das Papier nach Hause zu nehmen und im Kaminfeuer zu entsorgen. Das macht die Buschklos unauffälliger und ihre Spuren vergänglicher.

Solches Markensetzen ist auch mir vertraut. Zu Beginn meines Lebens hier, als mir Pflanzen und Tiere noch fremd waren, wollte ich einem Sträuchlein wilder Rosen etwas Gutes tun, indem ich es jeden Morgen mit meinem angesammelten Wasser besprengte. Die Blätter wurden bräunlich, die Triebe schrumpften, ich wußte nicht, warum. So fragte ich Dario Pampalone, den Hirten, der unsere Blumen- und Basilikumtöpfe bewachte, wann die Herde auf den verlassenen Feldern graste. «*Forse il cane l'ha pisciato*», sagte er taktvoll.*

So war giftig, was ich wohl wohltätig gedacht hatte. Ich zielte in Zukunft auf Gewächse, die mich ärgerten, kleine Schlehen etwa oder den graublauen Wermut, der – von den Schafen wegen seiner unbezwinglichen Bitterkeit verschmäht – in üppigen Büschen aufgeschossen war. Heute ist er fast ganz verschwunden, und das liegt nicht an meinen Versuchen, ihn zu vertreiben. Er folgte den Schafen, die ihm seinen Vorteil verschafften, und sie dem Hirten, der vorteilhaftere Weiden in der Ebene fand, als die Dornen zuviel von den unsrigen gefressen hatten.

So achtete ich darauf, meine Spuren gleichmäßig zu verteilen und sie auf diese Weise unleserlich zu machen. Ich ging nur noch selten zweimal an dieselbe Stelle. Was wir für ekelhaften Abfall halten, ist vielen Mitbewohnern der Wildnis eine Delikatesse. Unvergeßlich ist mir ein großer, tiefblauer Käfer, der schon aus einiger Entfernung durch das Surren seiner Flügel auffiel. Er flog den eben abgesetzten Haufen an, wurde vom Wind etwas abgetrieben und glich dann, wie ein Golfspieler, den Fehler aus. Schließlich packte er mit seinen schaufelförmigen Kiefern ein großes Stück.

Memento mori!** Diese Inschrift ist selten geworden, seit gekachelte Badezimmer und Tiefspülklosetts zur Standardeinrichtung gehören. Wenn die Bußprediger verflossener Jahrhunderte

* «Vielleicht hat der Hund drangepinkelt.»

** Lateinisch: «Gedenke, daß du sterben mußt.»

den Menschen aus seiner Eitelkeit zu reißen suchten, indem sie ihn einen Madensack nannten, will ich die Lehre nicht verschmähen, mich tröstet eine kleine, noch begrenzte, noch freiwillige, sogar erlösend-lustvolle Preisgabe eines Teiles von mir an die Erde, zwischen das gefallene Laub: ein Geschenk für die Würmer, die Larven der blauen und goldenen Fliegen, der Teil für das Ganze, denn dasselbe Ende wird einmal mich treffen. Wenn ich Tage später zufällig in die Nähe komme und die Decke aus Laub nicht dicht ist, sehe ich Reste, einzelne Krümel, aufgewühlt wie die Müllhalden, in denen wir als Kinder noch soviel Brauchbares fanden: wir verwandelten den Abraum für eine Weile in ein Bergwerk und aus diesem wieder, diesmal endgültig (für uns), in etwas Verworfenes.

Der Entschluß, über diesen verschmähten Teil meines Lebens zu schreiben, hat eine ähnliche Qualität: Es gibt plötzlich Wertvolles in der Schlacke. Mir fallen vergessene Szenen ein. Es gab Besucher, die mich bedauerten und unterhalb einer hygienischen Armutsgrenze ansiedelten, weil sie feststellen mußten, daß es kein Badezimmer gibt, sondern nur eine Schüssel, mit Zisternenwasser gefüllt, die man auf die Wiese oder die großen Sandsteinplatten stellen kann, mit denen der frühere Kuhstall gepflastert ist, in dem der Wasserbehälter steht. Ich erinnere mich an eine hübsche, blonde, sonst gar nicht verwöhnte Studentin, die als Au-pair-Mädchen bei uns arbeitete und in die ich mich ein wenig verliebt hatte. Als sie hörte, wie es in dem Haus zuging, verlor sie jede Lust auf kostenlose Ferien in der Toscana. Als Kind habe sie lange genug darunter gelitten, daß Abort und Waschbecken im Treppenhaus waren.

Erinnerungen an Wasser aus dem Brunnen und das Häusl überm Hof enthalten für mich mehr Geborgenheit als Schrekken. Ich finde eine Architektur weise, die es nicht dem Belieben überließ, Wasserhähne zu öffnen, sondern jedem den Weg mit dem Krug aufzwang. Aber solche ökologische Grübelei beschäftigt mich nicht, wenn ich mich draußen auf einem selbstgemachten Rost aus halbierten Kastanienstämmchen wasche. Ich ziehe das dem schönsten Badezimmer vor, nicht aus Prinzipien, sondern weil es mich mehr befriedigt. Dieser Genuß setzt freilich die menschenleere Natur um mich herum voraus, wo hinter den Zypressen die von Waldreben übersponnenen Eichen stehen und der Morgendunst die Flanken der Hügel hinabfließt, während die Sonne den Tau von den Spinnennetzen leckt und sie dadurch wieder unsichtbar macht.

In diesem Baderaum kann ich soviel spritzen, wie ich will, ohne daß ich einen Tropfen aufwischen muß. Es gibt eine Dusche aus zwei dicken Schläuchen, die – getreten – das Wasser durch die Brause treiben. Unter dem Holzrost hat das Gras auch zur Trockenzeit grüne Spitzen. Über Nacht ist ein kleiner, olivfarbiger Pilz gewachsen. Ich will nachher versuchen, ihn in den Büchern zu finden; vielleicht gehört er zur Gattung *Psilocybe*, die schöne Träume macht.

Wie wir mit den Schlacken unseres Organismus umgehen, drückt viel von den Illusionen der Teilbarkeit der Welt aus, von dem gefährlichen Aberglauben, das Unangenehme ließe sich durch Vermeidungstechniken erledigen. Die Wildnis löst diese Illusion auf, ohne daß es so beschämt oder schmerzt wie in den Betten der Greise oder in den verschlossenen Zellen und Viehwaggons, in denen Folterer ihre Opfer erniedrigen. In unserem umweltruinierenden Lebensstandard verschwinden die Exkremente weggezaubert in einem geruchsdichten Müllschlucker, einem Brunnenvergifter und Wasserverschwender. Nur kleine Kinder empfinden noch Grauen angesichts dieser Erfindung, sie fürchten, mitverschluckt zu werden oder überschwemmt, es ist ihnen nicht wohl bei der Sache. Da sich Wasser und Kot mischen, verlieren beide ihren Wert. Wie absurd es ist, klare Bäche durch unsere Hauswände zu leiten, um wegzuspülen, was stinkt, erkennen wir nur aufgrund unserer langen Gewohnheiten nicht, verbinden diesen Komfort auch nicht mit dem Trübwerden der kleinen und großen Gewässer, deren glitschige Steine ebenjene Separation wieder aufheben, mit der wir uns von unseren Ausscheidungen abgrenzen.

Als der Maler Friedensreich Hundertwasser ein Klosett entwarf, das trockenen Dünger produzierte, setzte er eine leise Vernunft gegen die gurgelnde Dummheit, die ihn auslachte und ihre Schamlosigkeit mit Anstand und Reinlichkeit identifizierte. Seine Erfindung griff auf ältere, sogar vollkommenere zurück, die aber alle nicht so genial dabei waren, den Menschen kurzfristig zu entlasten und die Umwelt zahlen zu lassen: im «Meyers» von 1897 sind unter «Abtritt» Erd-, Asche-, Luft- und Feuerklosett beschrieben.*

So kommt in der Stadt das Wasser zu uns, um mitzunehmen, was wir ihm aufladen und später in Kläranlagen wieder mühsam als Schlamm zurückgewinnen; hier aber gehe ich hinaus zum Wasser, zur Zisterne, zum Bach, und trage dorthin, was in die Erde gehört. Unterwegs greife ich am Waldrand nach einem passenden Scharr- und Grabholz, einem dürren Ast etwa. Während ich früher eine Rolle von dem grauen Papier mitnahm, die an einem Zimmermannsnagel neben der Tür hängt, brauche ich derlei nicht mehr, solange die Bäume im Laub stehen und es weiche, saftige Blätter im Übermaß gibt. So entfällt auch die etwas lästige Pflicht, ein beschmutztes Papier zurückzubringen und in die Feuerstelle zu werfen. Ich suche mir einen Platz zwischen den Kastanienschößlingen, die ihre schlanken Kronen so weit angehoben haben, daß viel freier Raum bleibt, in dem die Dornen nicht aufkommen. Er ist von einem grünen Schatten gefüllt. Ich lege einen reichbelaubten Zweig neben mich, den ich vorsorglich abgebrochen habe. Ich brauche nichts zu lesen wie in der Stadt, wo ich ungern ohne Zeitung auf den Abort gehe, als bräuchte ich einen Blick in die Welt, um mich für den auf die verschlossene Türe zu entschädigen.

Dann hocke ich mich nieder und fange an zu philosophieren. Die Entleerung ist eine allen Menschen (auch den zölibatären) vertraute, und zugleich fast immer verheimlichte Lust mit einem Urgefühl des Gelingens, begleitet von Empfindungen, schutzlos zu sein, gefährdet. Daher suche ich vorher sorgsam den Boden nach Schlangen ab, so penibel, daß es mir auffällt und ich mich frage, was mich bedroht: es ist, als ob diese Öffnung gegen-

* Band 1, S. 72

über der Erde, die Kontaktaufnahme durch Körperteile, die verschlossen, ja verkniffen sind, mit besonderer Wachsamkeit belegt, sozusagen einer eigenen Polizeitruppe von Scham- oder Schuldgefühlen anvertraut ist. Wie vielen Gestalten von Krampf und Beschämung muß dieses explosive Wohlbehagen von Kindheit an standhalten? Und wie oft gelingt es, daß es sich umwandelt in Befürchtungen, in die Stuhlhypochondrie dessen, der nicht mehr an die Lustmöglichkeiten denken kann, sondern verstopft grübelt, was das Böse in ihm nun anrichtet, wie es seinen Leib verhärtet, ihn mit Zement ausgießt und vergiftet.*

In vielen Überlieferungen findet sich eine grausame Foltergeschichte, die meist fremden Zeiten oder Völkern zugeschoben wird. Orwell verwendet den Gedanken in «1984», Freud in der Fallgeschichte vom «Rattenmann», der seinen Vater damit zu traktieren gedachte und über diesem bösen Gedanken erkrankte. Es geht darum, eine hungrige Ratte, ein Kanaltier, in einen Topf zu setzen, auf den dann der Gepeinigte mit nacktem Gesäß gefesselt wird. So bahnt sich die Bestie einen Weg von außen nach innen – in der Phantasie auf ebenjenem Weg, der sonst von innen nach außen führt. Sie tut das mit einer Wut und Gier, die genau der verbotenen inneren Lust entsprechen: das Verdrängte kehrt mit zehnfacher Macht aus der Düsternis zurück, kriecht aus dem Rohr, frißt sich ins Innere. Die Furcht vor dieser Rückkehr des Abgewiesenen wird auch daran deutlich, daß in modernen Haushalten Panik einsetzt, wenn der Abfluß verstopft ist und aus der polierten Schüssel aufsteigt, was in

* Im Sommer 1994 hörte ich ständig vor den Nachrichten eine Werbeeinschaltung im Rundfunk, die ich hier übersetze. Frauenstimme (frisch, jung): «Wie geht es Dir, Marisa?» Marisa, gepeinigt: «Schlecht. Ich leide an Verstopfung. Ich fühle mich nicht wohl, bin nervös, kann mich nicht auf meine Arbeit konzentrieren.»

Männerstimme, klar und sachverständig: «Ich nehme Euberil. Es wirkt sanft und unschädlich, setzt den Darm in Bewegung, vermehrt das Darmvolumen und fördert die Ausscheidung. Euberil gibt es ohne Rezept in jeder Apotheke!»

Marisa euphorisch: «Ich laufe gleich in die Apotheke.»

ihr verschwinden müßte. Diese Krise der Moderne bedarf, wie der Herzinfarkt oder der Zusammenbruch des Fernsehers, eines Notdienstes, der Tag und Nacht ins Haus kommt und gegen saftige Gebühr die verstopften Wege reinigt.

In einer breit beliebten Therapierichtung, Bioenergetik genannt, gehört es zu den wichtigsten Übungen für den körperentfremdeten und verkrampften, kopflastigen Menschen der Moderne, «sich zu erden». Man bezahlt einen Therapeuten für die entsprechenden Anleitungen und lernt, breitbeinig zu stehen, tief zu atmen und zu erspüren, wie die Grundfesten des Leibes beschaffen sind, ob wir etwa – wie es richtig ist – auf den Druck, der von oben auf uns niederkommt, mit einem Abfedern der Kniekehlen reagieren oder uns mit Rücken und Nacken gegen ihn versteifen, was diese Körperzonen schmerzhaft verspannt und schließlich zu Schäden der Organe führt, etwa Vorfällen einer Bandscheibe.

Solches «Erden» scheint ein hergeholter Ersatz für das, was dem Bewohner der Wildnis wie von selbst, gewissermaßen mit Notwendigkeit und ohne Übungsauftrag, zufließt, eine verschrobene und künstliche Kompensation der Erdnähe, die von selbst entsteht, wenn wir für Augenblicke wirklich in Kontakt treten, berühren, uns öffnen, eine Brücke bauen. Wenn schon ein Lebensenergiemythos: Ist dies nicht die beispielhafte Situation der Erdung, in der die Kraft des Organismus zu ihren chthonischen Wurzeln zurückfließt und ein Stoffwechselkreislauf geschlossen wird?

Von dem großen Philosophen Diogenes wird erzählt, daß er, der sich mit dem Hund verglich, der notfalls auch von Abfällen leben kann, als einzigen Besitz einen ledernen Becher mit sich trug. Denn wer nichts hat, kann nichts verlieren und muß sich um nichts sorgen. Den Becher brauchte Diogenes, um reines Wasser aus den Quellen zu trinken, deren Gabe er allen berauschenden oder wohlschmeckenden Getränken vorzuziehen behauptete. Denn was den Menschen lockt und ihm Lust spendet, verstrickt ihn auch und macht den Tod zu einer Bedrohung. So kam er an einem heißen Tag an einen schattigen Tümpel und sah einen Hirtenjungen, der – ehe er seine sechs mageren Ziegen an die Quelle ließ – sich niederbeugte und aus der hohlen Hand satt trank. «Ich Narr», soll Diogenes gesagt haben, «der ich von einem Kind an Weisheit übertroffen werde.» Damit warf er den Lederbecher von sich.

Es ist nicht überliefert, ob der Knabe den Becher aufhob. Ich bin davon überzeugt, denn ich selbst hätte es an seiner Stelle gewiß getan. Jeder muß sich damit abfinden, daß er sowohl an Besitz wie an Armut von einem anderen übertroffen werden wird. Ich setze mich in ein Haus mit festen Mauern an den Tisch, auf dem Teeschalen, Brot, Butter, Pecorino und Birnen stehen. Ich würde das nicht vom Boden essen wollen und nicht aus dem Einwickelpapier, obwohl ich auf diese Weise das Spülmittel sparen und mich von einer weiteren Sünde der Zivilisation befreien könnte. Manchmal, wenn mich ein Dämon reitet – des Geizes, der Gier oder der Ökologie, wer will das so genau wissen –, schlage ich vor, doch immer die Teller abzulecken und auf diese Weise das Spülwasser zu sparen. Aber meine Familie nimmt mich da nicht ernst.

Von den Pygmäen und den australischen Aborigines wird erzählt, daß sie weiterziehen und ein neues Lager mit Laubhütten und Windschirmen aufschlagen, wenn es um den alten Platz zu sehr schmiert und stinkt. Die Siedlung ist der Abort; sie wird verlegt, wenn sich kein freies Plätzchen mehr findet. Ich aber bin ein Kind der agrarischen Zeit, in der das Holzhäusle über dem Hof steht, weitab vom Haus, und die Grube ausgeleert und auf die Felder gefahren wird (den *pozzonero* des Toscanahauses leere ich bei Regen unter die Nußbäume). Und ich bin auch ein Kind der Städte, und das WC in der Passauer Wohnung war schon alt und von ehrwürdigen Spuren bedeckt, als ich es zum erstenmal sah. Der Weg meines Vaters von dem kleinen Hof in die Stadt wird rückgängig gemacht durch das Haus im Mugello; aber ich bin nicht stehengeblieben, sondern habe ihn noch weiter zurückverfolgt, zu den Jägern und Sammlern, die – ohne zu pflügen – die Gaben der Wildnis nehmen. Im Herbst finde ich auf meinen Waldgängen Pfifferlinge und Totentrompeten im

Überfluß. Wenn ein Erdbeben oder Feuer das Haus zerstört, werde ich eine Blockhütte bauen oder ein Tipi und dort siedeln, näher an Diogenes als gegenwärtig.

Privatwildnis

(Tagebuch)

28. 8. 1985

Ich habe einige achtzehnjährige Robinien gefällt. Sie standen in der Aussicht auf das Tal. Das frische Holz riecht nach Erbsen. Ich legte die Stücke vor die Südmauer, damit sie in Sonne und Regen trocknen.

Die Oliven duften, wenn ich die Stämme säge, obwohl sie schon fast ein Jahr tot sind. Wo sonst silbernes Grün war, stehen überall in der Toscana schwarze Skelette, nur am Fuß von ein wenig Schaum der frischen Blätter umgeben.

Wir sind jetzt zehn Tage hier und bleiben etwa zehn weitere. Ich muß noch aufs Dach. Neulich, bei dem schlimmen Gewitter, hat es an zwei Stellen heftig hereingeregnet. Neue *embrici* (Ziegelplatten) brauche ich nicht, es sind noch welche da, vom Schweinestall, dessen Dach ich abgetragen habe.

Ein Einbrecher hat im Winter die Tür zertrümmert. Zum Stehlen fand er dann anscheinend nichts – vielleicht war er auch nur neugierig. Der Arbeiter im Holzlager von Borgo San Lorenzo schenkte mir die Abfälle für die Reparatur. «*Quanto vuole per questi scampoli?*» fragte ich, als ich mir einige geeignete Reste zusammengesucht hatte. «*Niente, gli può prendere*», sagte er und lachte. «*Tante grazie!*» (Wieviel kosten diese Reste? – Nichts, Sie können sie nehmen – Vielen Dank!)

Einige der gefällten Oliven muß ich noch so weit zersägen, daß sie zum Holzvorrat im früheren Weinkeller passen. Die Wildbirne, die ich heute hinter der *capanna* freigelegt habe, trägt sehr herbe Früchte.

Die Kleine entdeckt das Perfekt: gebringt, gegebt. Lumi ist Limonade, Orangensaft jedes süße Getränk. Bemen ist cremen und nehmen. Beme ist Beere und Creme. Wenn sie weint, sagt sie oft, von Schluchzen unterbrochen: «Und immer muß die Anna weinen, immer weinen, arme Anna.» Sie lacht auch viel, aber dabei reflektiert sie nicht.

Als ich in der Mittagshitze kurz in die Ginsterbüsche oberhalb des Hauses trat, hörte ich immer wieder, hier und dort, ein feines Knistern, gefolgt von einem Schwirren und dem Fall kleiner Körner, die in den dürren Gräsern raschelten. Nach einigem Suchen fand ich die Ursache. Die Samenschoten des Binsenginsters platzen in der Augustsonne. Dabei dreht sich jedes Deckblatt schraubenförmig und schleudert den Samen weit fort: Ginster-Orgasmus.

29.8.1985

Mit einem Gefühl der Genugtuung sammle ich die dornigen Äste der Schlehen und Robinien im Kamin. Sie in Asche zu verwandeln ist ein Weg, ihnen den Stachel zu nehmen, der mich in der Wildnis oft genug blutig gerissen hat. Fast alles, was auf den seit achtzehn Jahren verlassenen Äckern wächst, ist wehrhaft und kriegerisch: Brombeeren mit ihren krummen Stacheln wie türkische Säbel, wilde Rosen, Schlehen mit ihren langen, schwarzen Dolchen, Disteln, Robinien, die ihre Stacheln erst abwerfen, wenn ihr Rindenpanzer so dick geworden ist, daß er aufplatzt und die früheren Waffen zu Boden fallen. Die allgegenwärtigen Schlingen der Waldreben, scheinbar harmlos, leihen sich den Schutz der Brombeerranken, wie friedliche Kaufleute einen Söldnerhaufen, und halten sie mit vielfingrigen Greifern fest, die aus ihren Blattachseln wachsen. Ich denke an das Märchen vom Dornröschen. Daß Mauern von undurchdringlichen Dornwällen eingeschlossen sein können, erlebe ich hier jedes Jahr aufs neue. Aber nie weichen die Dornenverhaue vor mir zurück. Ich bin kein Prinz zur rechten Zeit. Wenn das Meer der Brombeeren die Olivenbäume überschwemmt hat und immer höhere Wellen schlägt (denn jede neue Generation von Ranken stützt sich auf die verdorrten Ahnen), klimmen die Waldreben auf den Wellenkämmen hoch bis in die Kronen der Bäume. Dann muß ich mich mit blutenden Handrücken bis zu den armdicken Hauptleitungen durchkämpfen, die – von zahllosen Brombeersöldnern bewacht – eine grüne Glocke versorgen, die sich erstickend über die Krone der Olive gelegt hat. Wenn es gelingt, diese Versorgungsadern zu kappen, kann die Olive durch den nun dürren Helm wachsen und ihn sprengen. Dem Belagerer wird der Nachschub abgeschnitten. Wie durch ein schreckliches Erlebnis ein Mensch über Nacht ergrauen kann, so sind blühende Waldrebendächer dann über Nacht schlohweiß. Mit letzter Kraft haben sie Samen gesetzt.

30.8.1985
Ein altes Haus ist wie ein Scheiterhaufen. Verändert man nur eine Kleinigkeit, gerät womöglich alles aus dem Gleichgewicht. Unentschieden, welche Arbeit ich anpacken sollte, habe ich heute morgen die Ziegel der Fensterbank vor dem Schreibtisch mit rotem Wachs eingepinselt und poliert. Jetzt gefällt mir der abgeblätterte Anstrich des Fensterrahmens nicht mehr, den ich bisher übersah. Obwohl ich das nicht vorhatte, werde ich mich wohl morgen daranmachen, ihn zu streichen. So geht es mit vielem, etwa heute mittag, als ich auf das Dach kletterte, um die Stellen auszubessern, an denen es vor einigen Tagen hereingeregnet hatte. Als ich begann, das trockene Moos und die Ziegelsplitter von einer besonders dick damit bedeckten Stelle zu kratzen und zu kehren, schrie plötzlich das ganze Dach nach dem Besen, so daß ich schleunigst wieder herunterstieg.

31.8.1985
Den Feigenbaum befreit, den eine übermannshohe Brombeerflut unzugänglich mact und zu ersticken droht. Wie viele, die lange eingesperrt waren, kommt er mit der Freiheit nicht zurecht. Die vom Dickicht verkrümmten Schößlinge, die sich einen Weg zum Licht erschlängelten, stehen zerbrechlich da und neigen sich bedenklich. Die Früchte sind noch klein. Einige fielen schon vor der Reife ab. Vor zehn Jahren habe ich viele süße blaue Feigen geerntet. Dann ist der Baum erfroren. Ich ließ die Brombeeren wuchern, weil sie die jungen Triebe vor den Ziegen schützten. Ist er nun verwildert? Oder kraftlos geworden, weil er so lange unter-

drückt war? Fehlen bestäubende Insekten, die früher noch von den beiden anderen Bäumen auf den Feldern kommen konnten? Ich will mir morgen abend (denn tagsüber ist es zu heiß) einen Weg zu den anderen Plätzen bahnen, wo früher Feigenbäume standen. Die blaue Feige ist widerstandsfähiger als die grüne.

1.9.1985
Die Stadt ist der Ort der inneren Krankheiten – verborgen, bedrohlich, in ihren Wirkungen diffus und unentrinnbar, auf schwer durchschaubaren Wegen entstanden.

Das Land ist die Domäne handfester Leiden: Mückenstiche, Blasen an Händen und Füßen, Kratzer, Dornen unter der Haut. Als ich gestern den schweren Wasserkanister von der Quelle holte, spießte ein Ästchen zwischen die große Zehe und das Leder der Sandale. Ich schrie auf, zerbrach den Ast, als könnte ich mich rächen, und untersuchte den Riß in der Haut. Langsam füllte er sich mit Blut, der Schmerz wurde weggewaschen.

Für Forscher, die mit der objektiven Natur zu tun haben, ist Vergessen gefährlich. Es muß vermieden und ausgetrieben werden wie das Einschlafen der Wachtposten in einer belagerten Festung. Aber das Vergessen ist auch ein Geheimnis und eine Gnade. Es heilt alle Gebresten für kurze Zeit und die meisten für immer. In Elba habe ich versucht, zum Barfußgehen meiner Kindheit zurückzufinden. Es geschah nicht ohne wundgestoßene Zehen und Stiche von tückischen Robiniendornen, die unsichtbar im welken Laub lauerten. Da wurde mir deutlich, daß ein vergessener Schmerz so gut ist wie gar keiner. Das Leid an einem Dornrest, der vielleicht noch in der Sohle steckt, ist so lange vorhanden, wie ich an es denke.

Das Barfußgehen bindet deutlicher an die Erde: Viele Empfindungen kehren zurück, die der Schuh nimmt. Mit ihnen auch Gefahren. Jede Unachtsamkeit rächt sich. Ob unsere Vorfahren klügere Füße hatten? Und andere Wege, gepflegte Pfade, auf die Bedürfnisse des Gehens von Tier und Mensch zugeschnitten.

2.9.1985
Zu Besuch bei Signora F. und Gina. Das große alte Haus wie ausgestorben. Erst beim zweiten Läuten (es ist ein bronzenes Glöcklein, das weit im Inneren der Villa durch den schmiedeeisernen Griff in Bewegung gesetzt wird) trippelnde Schritte. Gina, grau und abgemagert, mit weiten Augen und schmerzlichen Falten auf der Stirn. Die Signora, ohne Zähne und daher mit merkwürdig verkniffenem Mund, aber untadelig frisiert. *Come stanno?* (Wie geht's?) Der Winter war schlimm. Ginas Bruder ist gestorben. Sie fängt, mit Tränen in den Augen, zu erzählen an, wie er noch letztes Jahr hier im Garten arbeitete und ihr half. Die Signora fragt, wie kalt es in München war. In Vicchio seien es minus 25 Grad gewesen, einige sagen sogar 28 Grad. Dann berichtet Gina weiter. Der Bruder hätte ein wenig Zirrhose gehabt, *disfunzione di fegato*. Er trank immer gern. Nein, er war gewiß nie betrunken, immer klar und vernünftig, außer in seiner letzten Zeit, als alle glaubten, es werde wieder vergehen, die Krankheit aber nicht wich. «Der Sommer war sehr warm hier. In München war er sicher nicht so warm? Es ist kälter in Deutschland.»

«Immer will sie reden», sagt Gina erbittert mit einem Seitenblick auf die Signora. «Sie denkt, es gibt nur sie.» Dann, lauter, in einem strengen Ton, den ich früher nicht an ihr kannte, schon gar nicht der *padrona* gegenüber: «Ich erzähle gerade von meinem *povero fratello*!» Die Signora sagt: «Er hätte aufhören müssen zu trinken!» – «Nein, es war nicht deswegen», sagt Gina. «Natürlich, er hatte ein wenig Zirrhose und Hepatitis und wollte nicht hören, wenn die Ärzte ihm sagten: ‹Hör auf zu trinken, der Wein und all die Aperitifs in der Bar tun dir nicht gut.› Aber es war gar nicht mehr die Leber. Er hat abgenommen. Nicht mal mehr Krankenkost vertrug er. Und immer ein dicker Bauch, voller Wasser. Aszites, sagen sie. ‹Geh in die Klinik, laß dich gründlich untersuchen›, sagte Silvia immer. (Silvia ist Ginas Tochter, der Stolz der Familie, das einzige Kind: Sie hat Medizin studiert.) Aber er wollte nichts davon wissen. Silvia dachte, sein Arzt ist zu alt. Er wollte nichts tun, bis es zu spät war. Er beklagte sich immer, er zeigte uns die Befunde und die Röntgenbilder, aber er wollte nicht ins Krankenhaus. ‹Ich versteh nicht, was da steht, und ich fühle mich immer schlecht›, sagte er. Aber er wollte in kein Krankenhaus, bis es zu spät war.»

Das Telefon läutet. Gina steht auf. «Wie geht es Ihnen, Signora?» Die alte Frau blickt mich an wie ein aus dem Nest gefallenes Vogelküken. «Was will ich sagen? Ich bin 96. An mir sieht man, daß man an Schmerz nicht stirbt. Ich habe dreizehn Angehörige verloren – Brüder, den Vater, den Mann, meine Neffen. Man stirbt nicht am Unglücklichsein. Und dann lebe ich sehr regelmäßig, ich habe ein gutes Herz, einen guten Magen, eine gesunde Leber – der Alkohol ist ein Gift, das habe ich immer gesagt –, wissen Sie, viel hängt von der Diät ab. Ich habe das Glück, mit diesen drei braven Menschen hier – Gina ist sehr tüchtig, Elio auch, und Silvia ist wunderbar, sie hat das beste Examen gemacht, andere Ärzte sind arbeitslos, aber sie ist sehr gefragt, sie wird von überallher gerufen, sie hat die Arbeitslosigkeit nie gespürt. Ich bin ganz still, ich sage wenig, damit ich anderen nicht auf die Nerven gehe, und die dann wieder mir...»

Gina kommt zurück. Ich erkundige mich nach Silvia. Sie hat außer Notdiensten und gelegentlich einer Praxisvertretung immer noch keine Arbeit. Die Weiterbildung in einer Klinik in Florenz wird nicht bezahlt. Auf der Liste für den Platz des Kassenarztes hier im Mugello steht sie auf Platznummer 27 – das sind noch viele Jahre Wartezeit. Es sei ihr auch ganz recht, so hat sie mehr Freiheit, sich zu bewegen, sich fortzubilden... Sicher, sie hat ihre Verehrer gehabt. Aber anscheinend war der Richtige nicht darunter. Nun, man kann ja in jedem Alter heiraten (Silvia ist 32 Jahre alt).

«Sie hat eben den Richtigen nicht gefunden», verstärkt die Signora, als sei klar, daß Silvia eine *zitella* (Jungfer) bleibt. Gina verzieht die Mundwinkel und stimmt dann ein: «Ja, das heißt eben, und Silvia sieht es genauso, daß der Richtige noch nicht gefunden ist, *non si può far niente, si vedrà...*» (man kann nichts tun und wird sehen...).

3.9.1985

Ein Stück jahrtausendelang bebautes Land entgleitet seit zwanzig Jahren der Hand des Menschen. «*Torna il bosco*», sagten die Nachbarn, wenn sie von diesen Feldern sprachen. Der Wald kehrt zurück. Im einzelnen geschieht das ganz anders, als ich es mir träumen ließ. Die erste Zukunftsvision weitete den kurzen Weg aus, der sich zwischen dem mittleren und dem unteren Feld hinzieht. Die Bauern hatten an diesem steilen, steinigen Stück Eichen und Kastanien stehenlassen. Diese Bäume trugen schon große Kronen, als wir das Haus kauften. Sie ließen das Gestrüpp nicht hochkommen. Einige Wacholder standen klein und stämmig im zottigen Gras. Pilze wuchsen hier. So sollte es überall werden.

Damals ging ich im Morgengrauen über die *campi* und sammelte die Champignons in einem kleinen Eimer. Es war wie in einem Garten. Die kleinen Pilze ließ ich für den nächsten Tag stehen. Auf den kurzgeschorenen Feldern weideten Schafe; um Steine und Gestrüpp sammelten sich die Brombeerranken wie Guerillakrieger, die auf den Abzug des überlegenen Feindes warten. Allmählich eroberten sie Meter um Meter die freien Flächen. Der Hirte hätte gegen sie kämpfen müssen, mit Feuer und Haumesser. Er hätte die Oliven düngen, die Reben schneiden und pflegen sollen, sagte die Signora. Die Signora und ihr Lieblingsneffe, begeisterter Jäger, hätten nicht zustimmen dürfen, daß die *campi* zur *zona di ripopulamento* gemacht wurden, sagte der Hirt. *Ripopulamento*, Wiederbevölkerung, betrifft die Hasen, Amseln und Fasane, die in den Gebieten der *caccia libera* (freie Jagd) fast ausgerottet sind. Zehn Jahre lang fanden sie Schutz in unserem von den Bauern verlassenen Tal. Die Fasane fraßen Oliven und Trauben. Warum hätte der Hirt sie noch pflegen sollen? Warum die Dornbüsche roden, wo er doch einige Jahre genausogut um sie herumweiden konnte? Es war so leicht, andere verlassene *poderi* zu finden, die dem jeweiligen *padrone* für wenig Geld abzumieten waren. So kam es, daß die Brombeerranken vorrückten. Nach drei Jahren mietete der Hirt eine Wiese im Talgrund, wo das Gras auch im Sommer wuchs. Jetzt mußte der

Wald kommen. Keine Schafe mehr. Eiche und Kastanie, Pinie und Ahorn können ungehemmt wachsen! Keine rupfenden Mäuler, die sich über ihre jungen Triebe hermachen. Wie Minen legte ich dicke Eicheln an den Rand der von den Stachelranken besetzten Gebiete. Heute, ein Dutzend Jahre später, sind aus einigen von ihnen Bäume geworden, dreimal so groß wie ich selbst. Es war eine besondere Eiche mit tiefgekerbten, glänzenden Blättern und großen Eicheln, von der ich die Saat nahm.

Aber die Parklandschaft wollte nicht entstehen. Die Brombeeren sind schneller gewesen. Wo sie nicht wucherten, gab es wilde Rosen, mit feinen Blättern die einen, mit groben die anderen, im unbeständigen Schmuck ihrer Blüten, wenn der Sommer kam, im viel beständigeren der Hagebutten, die sich in der Augustsonne röteten. Bald war es schwierig, sich auf den Feldern zu bewegen. Über einjährige Brombeerranken kann man hinwegschreiten, wenn man wie ein Storch die Beine hebt. Aber ein dreijähriges Dickicht ist ohne Haumesser nicht mehr zu bezwingen. Die Ranken stützen sich aufeinander, die jungen bespringen die alten, man bräuchte die Haut eines Elefanten.

Auch die Brombeeren fanden ihre Feinde. Aber diese waren nicht unsere Freunde, die uns der erhofften Parklandschaft näherbrachten, sondern neue Feinde: Schlehen und Waldreben. Was sie besetzen, müssen die Brombeeren räumen. Wo nur ein wenig Schatten ist, haben die Brombeeren auf lange Sicht keine Chance gegen die Waldreben. Denn sie müssen jedes zweite Jahr von unten anfangen, während die Waldreben aus ihren armdicken Lianen von allen Seiten her wuchern und sie erstikken. Nur mit den Schlehen werden die Waldreben nicht fertig. Sie wuchern nicht gerne über sie hin und scheinen auch unter ihnen nicht recht zu gedeihen. Von einem grünen Flaum, der Ende März zu einem weißen Schimmer wurde, sind die Schlehen ein Wäldchen geworden, mit armdicken Stämmen, zwischen denen sich ein gepanzerter Ritter einen Weg bahnen könnte. Unter den Nußbäumen, wo früher eine Brombeerwildnis war, wuchert jetzt der Waldrebenteppich so dicht, daß die

Nüsse unter ihm fast unauffindbar sind. Jeden Frühling greifen neue Waldrebensprosse nach den Kronen der Walnußbäume, jedes Jahr schneide ich sie ab oder trete sie hinunter.

Drei Viertel der früheren Felder sind heute so unzugänglich und dornenbewehrt, daß sie seit zehn Jahren keines Menschen Fuß mehr betreten hat. Selbst da, wo Bäume anfangen, den Boden zu beschatten, bleiben die Brombeerranken tückisch, verfilzen sich Heckenrose und Waldrebe. So freue ich mich über Lichtungen, wo ungestört Büschelgras und Oregano wachsen, über die bemoosten Felsen, auf denen Schlehen klein und gedrungen bleiben wie Bonsais, so daß Raum bleibt für einen Bewunderer der Wildnis, der gelegentlich mit der Gartenschere einen sperrenden Zweig oder eine Ranke abschneidet, die sich in seinen Kleidern verbissen haben. Von dort blicke ich hoffnungsvoll auf die grünen und grauen Wälle. Die Edelkastanie, zu der ich schon jahrelang nicht mehr vorgedrungen bin, zeigt durch schütteres Laub, viele gelbe Blätter und dürre Äste, daß sie von der gleichen Krankheit befallen ist, die schon ihre Schwester hinraffte. Oft stehe ich sorglos da und atme nur: Thymian und wilde Minze, Ginster und Wacholderharz.

Ob auch Schlehen und Waldreben von selbst weichen werden, von einem Stärkeren verdrängt, wie sie die Brombeerranken bezwungen haben? Ich sehe noch keinen Hinweis. Nur der Binsenginster und seine Geschwister scheinen auf dem Rückzug, als vertrügen sie nicht, daß höhere Bäume neben ihnen wachsen. Oder sind sie erfroren, wie die Olivenbäume auch?

4.9.1985

Heute morgen hörte ich beim Frühstück im Radio einen Bericht über das Ochsenrennen zu Ehren des heiligen Leo. Jedes Jahr um diese Zeit findet es in San Martino in Pensilis statt, einem Ort in der Emilia Romagna, wo der Heilige in einer Prozession auf einem Ochsenkarren mitzieht. Das Rennen am Tag vorher entscheidet, welches Gespann und welcher Lenker seinen Leichnam fahren dürfen. Soweit die Tradition. Aber es stimmte mich mißtrauisch, daß versichert wurde, alles sei *traditione* keine *festa achiappaturisti* (was sich mit «Fangdentouristen» übersetzen läßt).

Ich war in die Verweltlichung schon eingestimmt durch eine Werbesendung, die seit Tagen vor den Nachrichten kommt. Darin wird Propaganda dafür gemacht, die traditionelle Bezeichnung «San Pellegrino – Bitter» durch ein «San Bittèr» (französisch ausgesprochen) zu ersetzen. Nein, Madame, bestellen Sie keinen San Pellegrino – Bitter, sondern einfach San Bittèr, *très chic*!

In San Martino sind es zwei Karren, die auf einer Strecke von zehn Kilometern um die Wette fahren. Der Reporter des zweiten RAI-Programms fragte einen der Lenker, was es zu bedeuten habe, daß die eine Partei *i giovani*, die andere *i giovanotti* («Die Jungen – die Junggesellen») heiße? Das hätte nichts zu bedeuten, das sei einfach so, Namen wie für einen Fußballverein, Juventus oder Milan. Was er wichtig fände, das seien die hohen Kosten, die jeder Karren heutzutage verursache und die man nur der Tradition wegen auf sich nehme. Allein ein Gespann der Zugochsen – und fast jedes Jahr brauche man ein neues – koste 30 Millionen Lire. Dann seien bei jedem Karren noch sechs Pferde.

Der Reporter wunderte sich, wie abgesprochen. Pferde? Würden die den Ochsen beim Ziehen helfen?

Nein, beileibe nicht. Aber die Pferde sind die Schrittmacher. Sie verhindern, daß die Ochsen durchbrennen, vom Weg abkommen, sie regen sie an, schnell zu laufen.

Denn die Ochsen, von denen man sonst höre, daß sie langsame Tiere sind, seien bei dem Rennen sehr schnell – über dreißig Stundenkilometer. Trab oder Galopp?

Früher hätte man es auch mit Trab versucht. Aber heute müßten die Ochsen galoppieren, sagte der Vertreter der *giovanotti*. Es sei ja auch nicht für die ganze Strecke.

Ja, sagte der Reporter wieder scheinbar unwissend, da sei doch so etwas wie ein Ochsenwechsel auf der Strecke?

Um sie nicht übermäßig anzustrengen, werden die Gespanne nach fünftausend Metern ausgewechselt. Das müsse schnell gehen, wie beim Reifenwechsel in der Formel I.

Das Besondere an diesem Wechsel, sagte der Reporter weiter, ist also, daß er im Laufen stattfindet?

Ja, sagte der Vertreter der *giovanotti*, während des Wechsels laufen das bisherige und das künftige Gespann nebeneinander her. Die Mannschaft muß eingespielt sein, muß viel geübt haben, genauso wie die Mechaniker beim Rennsport, die auch alle Reifen in zwei Minuten wechseln und dazu noch den Tank füllen. Aber es sind in San Martino alles Laien, echte Amateure. Alle Ausgaben, 30 Millionen allein für ein Ochsengespann, sind Ehrensache. Die Gewinner haben nichts zum Lohn, als den Reliquienschrein des heiligen Leo in der Prozession zu fahren.

Aber dann laufen die Ochsen doch schneller als ein Mensch über diese Strecke?

In der Tat. Aber der Hörer solle nicht glauben, es seien gewöhnliche Ochsen. Viele Ochsen, die jahraus, jahrein das Joch tragen und den Pflug ziehen, bequemen sich niemals zu einem Galopp. Nur ganz besondere tun das. Sie müssen trainiert werden und brauchen auch eine besondere Ernährung. Wie die Champions der Olympiade.

«Was sollte werden aus der Welt? Da waren London und die industrialisierten Länder die sich wie ein Schatten über die ganze Welt ausbreiteten, schreckenerregend und letzten Endes zerstörerisch. Ach, der Gardasee war so lieblich unter dem von der Sonne beherrschten Himmel, es war unerträglich. Weit fort, hinter all diesen verschneiten Alpen, hinter dem Schimmer des ewigen Eises auf ihren Gipfeln, war dieses England, schwarz und verkommen, mit seiner abgenutzten, fast verbrauchten Seele. Und England eroberte die Welt mit seinen Maschinen und der furchtbaren Zerstörung des natürlichen Lebens. Es eroberte die ganze Welt.»

So D. H. Lawrence in «The Lemon Gardens», von dem ich eine alte Ausgabe hier fand. Das schrieb er noch vor dem Ersten Weltkrieg, auf dem Dach einer der *limonaie* am Gardasee, die bereits damals selten wurden und heute nur noch eine Erinnerung sind, wie die *poderi* der Toscana in unseren Tagen. Jedoch dem Satz vor dem Zitat will ich nicht zustimmen: «*It is better to go forward into error than to stay fixed inextricably in the past»* (Es ist besser, vorwärts in einen Irrtum zu gehen als unauflöslich an die Vergangenheit gebunden zu bleiben). Das ist eine künstliche Wahl. *La nave va* (das Schiff zieht weiter), ob wir es besser oder schlechter finden. Ich wäre, hier mehr als überall sonst, mit einem Leben zufrieden, in dem sich nur die Jahreszeiten ändern und nichts sonst.

5.9.1985
Auf Brombeersuche in den *campi*. Die Ausbeute ist dieses Jahr gering. Die ausgreifenden Ranken, die keine Frucht tragen, verfolge ich fast mit Haß, wo sie sich über die schmalen Pfade legen. Sie reißen Arme und Waden auf. Immer wieder übersieht man eine solche Fußangel, worauf sie mit ihren krummen Zähnen zubeißt, die wie Fangarme eines Polypen immer näher zum Mittelpunkt, rankenaufwärts, ziehen und halten wollen.

Für den toskanischen Bauern ist der *pennato* unentbehrlich, ein krummes Haumesser mit einem Griff aus gepreßtem Leder. Früher habe ich damit wie ein Fechter gegen diese Greifarme gekämpft. Die Folgen waren (vor allem wenn ich es ungeschützt durch Handschuhe und feste Ärmel tat) sehr unangenehme Verletzungen, wenn die Ranke nicht durchtrennt, sondern nur zurückgeschlagen wurde. Bei ihrem Rückzug ratschte sie mit ihren scharfen Zähnen über Handrücken und Arme. Es gab tiefe, parallele Kratzer, die mich vor allem deshalb ärgerten, weil sie mir ein Hindernis zugefügt hatte, das ich gerade beseitigen wollte. Vertrocknete Ranken, in dieser Hinsicht besonders gefährlich, ließen ihre Stacheln am Ende des Kratzers zurück wie Bienen.

Wacholder und Weißdorn sind nicht weniger wehrhaft als die Ranken von Brombeere und Wildrose. Aber sie stehen ruhig an ihrem Platz und strecken keine Fangarme aus. Heute nehme ich meist eine Gartenschere mit. Das ist ein geduldigeres Werk als mit dem Haumesser, erinnert nicht mehr an Filme über die grüne Hölle. Die Ranken müssen in mehrere kurze Stücke zerschnitten werden, sonst bleiben sie gefährlich. Ein Ende hält sich an einem Busch fest, das andere beißt in Bein oder Arm.

Nur sehr große Bäume schaffen einen freien Raum unter sich. Solche gibt es wenige auf den *campi*. Die Signora wußte, was sie fällen mußte, ehe sie ihr Land verkaufte. Die jungen Bäume müssen erst heranwachsen. Ich kann in der Wildnis Schicksal spielen, eine kleine Eiche davor retten, von den Schlehen erdrückt zu werden, indem ich diese um sie herum zurückschneide, oder eine Wildbirne von den Waldreben befreien, die ihre Krone krumm an den Boden fesseln. Sie dankt es mir, indem sie mich mit einem der in Dornen zurückverwandelten Seitenäste in den Finger sticht.

Am Abend brodeln die Brombeeren im Topf, werden flüssig, kochen dick ein, werden wieder flüssig, sobald der Zucker hinzukommt, und endlich fest. Am Morgen kann ich das Schälchen schräg halten, ohne daß sich die rote Masse rührt, die von gelblichen Kernen gesprenkelt ist.

Ein makelloser Tag. Jetzt, um sieben Uhr abends, erhaschen die Nußbaumblätter vor meinem Fenster die Sonnenstrahlen, verwandeln sie in herben Duft und grünes Gold. Der Dunst verschleiert gnädig die Industriebauten in der Ebene.

6.9.1985

Ein Ausflug in die *crete*, die Mergel- und Lehmhügel zwischen San Gimignano und Volterra. Beides schöne, nur in der Mittagssonne nicht düstere Städte, freie Gemeinden einst, umstritten und verschluckt zwischen Siena und Florenz. Die großen Fische fressen die kleinen und werden von den noch größeren gefressen. Es gibt eine bizarre Bruegelzeichnung zu diesem Sprichwort, das sich heute in der Landschaft bestätigt. Sie hat sich sehr verändert. Vor zwanzig Jahren, bei meinem ersten Versuch, ein Haus in der Toscana zu kaufen, fuhr ich einen Tag lang mit einem *mediatore* und einem *fattore* (der durch Fluchen sein lahmes, sparsam von Autogas getriebenes Fahrzeug schneller machen wollte) über diese Hügel. Die Häuser, geräumig, mit zwanzig Räumen und fließendem Wasser, waren uns zu teuer. (Sie kosteten etwa 18000 Mark.) Der *mediatore* (Makler) erzählte, die *padroni* würden die Bauern nicht mehr brauchen. Wenige Arbeiter mit vielen Maschinen seien weit rentabler. Das Land war noch vielfältig: Reihen von Reben und Oliven zwischen den Streifen, wo für Weizen oder Luzerne gepflügt wurde, Obstbäume, Zypressen ums Haus. Heute brandet der eintönig gepflügte Acker, riesige Flächen, hügelauf und hügelab, gegen die zerfallenen Mauern.

Kein Motor trieb den Pflug über den Acker, keine Egge wirbelte Wolken von Staub in den bleichen Himmel. Die Landschaft lag in trügerischem Frieden. Die Häuser auf den Hügeln waren wie aus den Schollen der Äcker selbst geschichtet und schienen nur noch auf ihren Verfall zu warten. Was kann die Erde gegen die ständigen Quälereien tun, die ihr der Mensch zufügt? In den Reiseführern wird von den *Balze* in Volterra geschrieben, als seien sie ein Zeichen von Unwillen der scheinbar festen Kruste, alles zu ertragen, womit sie belastet wird. Die tiefe Schlucht, die sich am Rand der Stadt auftut, hat ein ganzes Kloster und einen Teil der alten Ringmauer aus etruskischer Zeit verschluckt. Auch die Nekropole der alten Bewohner zehrte sie auf, in denen Fresken nur die fröhlichsten Tage der Toten festhalten. Als wir auf einem schlechten Weg durch Oliven und Weinberge den grau und rot leuchtenden Abbruch entlangfuhren, war es ein friedliches Bild. Wie die Köpfe der Hydra entstehen für jedes Haus, das die Erde zurücknimmt, zwei neue. Oder ein Campingplatz «Le Balze», schon weit vor der Stadt mit seinen Tennisplätzen und dem Schwimmbecken auf Tafeln am Straßenrand ausgeschrien.

8.9.1985

Jeden Morgen rückt der Herbst einen Schritt näher. In den Nußbäumen ernten de Eichhörnchen lange vor mir. Morgens wecken sie uns mit Schimpfen und Trippelschritten auf dem Dach über unseren Betten. Während sie früher flüchteten, wenn sie einen Menschen sahen, scheint es heute so, daß wir die Störenfriede geworden sind, sie aber die rechtmäßigen Besitzer von Baum, Ast und Nuß. Sie haben geschützte Laufwege unter den Brombeeren und Waldreben angelegt, durch die sie ungesehen kommen und gehen. Nur ein Schatten huscht den Stamm hinauf und gleich darauf, mit der Beute im Mäulchen, wieder herunter.

Heute haben wir die ersten Pilze gefunden, schöne Röhrlinge mit schleimigen Häuten auf dem Schirm unter den Pinien, Sandröhrlinge auf dem Weg und am Stamm einer alten Edelkastanie eine *lingua di bue* (Fistulina hepatica).

Meine Frau war mißtrauisch, als ich ihr sagte, dieser blutrote, zungenförmig aus dem Stamm wachsende Pilz sei eßbar und werde sogar wegen seines säuerlichen Wohlgeschmacks gelobt. So blätterte ich im Pilzbuch, bis ich ihn fand. Er schmeckte wirklich säuerlich, das Fleisch war von vielen hellen Adern durchzogen.

11.9.1985

Im Radio werben begeisterte Stimmen für zwei neue Enzyklopädien, die man in Heften kaufen und dann binden lassen kann. Als erstes gibt es mit der *copertina* (dem Deckblatt) für den ganzen ersten Band ein Heft für rund vier Mark. *Psicologia* ist das Thema. Man kann nicht mehr ohne sie leben, nicht mehr die eigene Persönlichkeit und die der Freunde und Berufskollegen verstehen. Nur durch *psicologia* wird man *pieno di vita*, erfolgreich und beliebt. Die andere Enzyklopädie heißt *miles*. Hier ist die Werbung von Kanonendonner, Bombenexplosionen und Maschinengewehrfeuer unterlegt. Alle großen Schlachten der Weltgeschichte in siebzig *fascicoli*, aus denen man sich später zehn *volumi* binden lassen kann.

16.9.1985

Unglaublich, wie schnell das Haus unter dem Nußbaum verblaßt. Die Zeit, bis ich wieder dorthin zurückkomme, scheint sich endlos zu dehnen. Das Empfinden, in dieser Stadtwohnung, umgeben von sechs Wochen unerledigter Post, abgeschnitten zu sein. Die Nüsse werden dicker, ihre grünen Mäntel spalten sich, die *ricci* (Igel) der Kastanien öffnen sich jetzt ohne mich, die Schlehenfrüchte färben sich blau, die letzten Brombeeren reifen. Nur die Sonne zieht auch hier über den Himmel. Ich sehe sie durch Glas. Die Häuser verschlucken sie vor dem Horizont. Das Licht, seines Mittelpunkts beraubt, folgt ihr langsam.

Die Stadt ist eine Wiege des Getrenntseins, des Individuums, das eben daraus entstehen muß: ein Untrennbares, wo sonst alles zerteilt und geordnet ist. Mauern zwischen der Feuerstelle und dem Wind bieten Schutz. Aber Mauern, die den Blick auf Bäume und Gräser abschneiden, lassen das Netz der Verbindungen zwischen meinem Körper und dem übrigen Leben um mich herum verkümmern. Andere Menschen sind kein wirklicher Ersatz. Sie reizen zum Bau neuer Mauern, fördern die Entwicklung in die Höhe, verhindern die zeitweise Auflösung in die Breite und Tiefe.

20.4.1986

Ankunft im Frühling. Die Schlehen sind eben verblüht. Weiß ertrinkt im zarten Grün, wird gelblich, löst sich auf. Die ersten Blätter der Nußbäume sind von einem Spätfrost versengt, schwarz wie die Krallen eines Raubvogels. Auf der Fahrt sahen wir die Folgen eines von der fernen Hauptstadt durchgesetzten Stausee-Projekts *«il bilancino»*.* Die Westhälfte des Mugello von Barberino bis zur Villa von Caffaggiolo wird umgekrempelt. Wo bisher nur sandfarbene Bauernhäuser, von Zypressen und Pappeln gerahmt, über den verwilderten Feldern auf neue Bewohner warteten, stehen Nissenhütten auf geschotterten Plätzen, versammeln sich Bagger und Raupen, sind riesige Haufen aufgeschüttet: feiner Sand, grober Sand, feiner Kies, grober Kies. Der Ordnungstrieb verschont selbst die Steine nicht. Er uniformiert sie, ehe er sie in den Krieg gegen die Landschaft schickt, aus der sie kommen: dem Flußbett der Sieve. Straßen werden verlegt, tiefe Gruben mit Eisenbeton ausgekleidet, aus dem der Armierstahl ragt wie Skelettreste aus einem aufgerissenen Massengrab.

In Pontavicchio hielten wir an der *casa del prosciutto*, dem kleinen Laden mit Bar, in dem die Sieve-Fischer am Sonntag ihre

* «das Wäglein»; *la bilancia* ist die Waage.

panini essen und dazu ein Glas Wein trinken. Der Besitzer, ein vierschrötiger Mann mit dichten, weißen Haaren, diktierte seinem Sohn in die elektronische Registrierkasse. Seit einem Jahr müssen alle Händler eine solche Kasse haben. Die Finanzbehörden kontrollieren streng. Das Gesetz wurde eingeführt, weil die *commercianti* vorher ein durchschnittliches Jahreseinkommen versteuerten, das nur ein Zehntel des Lohnes der Industriearbeiter ausmachte. *Spalla* (Schulter) – 2000 Lire. *Pane* – 600, *latte* – 1350. «Ich habe 1300 getippt, sie kostet 1300», sagte der Sohn. Der Vater schüttelte den Kopf. «Nein, die Milch kostet 1350, seit der Preis das letzte Mal erhöht wurde!» Die Mutter steht mit aufgestützten Ellbogen an der Espressomaschine, ein gealterter Engel der Sixtinischen Madonna. Sie gibt dem Sohn recht. «Es sind 1300 Lire.» Der Vater zuckt die Achseln. Sie wissen es nicht besser. Was bedeuten schon 50 Lire?

Der Sohn war mir schon öfter aufgefallen. Er ist ernsthaft, scheu, sehr langsam. Sein Vater betrachtet ihn oft still, wie verzweifelt: Er wird es nie lernen! Ich denke mir Geschichten aus. Der junge Verkäufer ist seelisch krank, er mußte sein Studium abbrechen und sich in einer Klinik behandeln lassen. Die Eltern haben unter großen Opfern diesen entlegenen Laden gekauft, um ihn zu beschäftigen, zu versorgen und immer ein Auge auf ihn zu haben. Er nimmt ständig Beruhigungsmittel, daher seine umständlichen Gesten und seine höflich verzweifelte Miene. Er ist der Augapfel der Mutter, zu Höherem gedacht, als es die prosaische Zuneigung des Vaters zu Schinken und Würsten entwerfen kann. Der Materialismus des Alten zwingt ihn hierher, wo er widerwillig und korrekt seine Arbeit leistet, wie ein Beamter, der durch Dienst nach Vorschrift streikt.

Trotz der unversehrten Vorhangschlösser an den beiden Türriegeln ist das Hausinnere verwüstet, als seien Einbrecher hier gewesen. Eine Petroleumlampe liegt in einem dicken Ölfleck, Bilder sind von den Wänden gerissen, Scherben einer zerbrochenen Flasche knirschen unter den Sohlen. Es kann doch nicht schon wieder eine Eule sein! Ich habe doch vor der Abreise im letzten Herbst das Sperrblech in den Schornstein über dem offenen Kamin geklemmt! Anscheinend nicht fest genug. Das Blech ist herausgefallen, hat dem Wind nicht standgehalten oder der eindringenden Eule nicht, die in einem Winkel liegt: ein kleiner, braungesprenkelter Waldkauz mit großen Augen und samtweichen Schwingen. Ich fühle mich wie ein Mörder. Im Winter ist das Dach über der Schornsteinöffnung eingestürzt. Ich muß es neu aufmauern und entdecke beim Gedanken daran eine Lösung des Problems der Eulenfalle: Ich werde ein Stück festen Maschendraht in den Kaminkranz mörteln. Dann kann der Rauch hinaus, aber die Eulen werden draußen bleiben und Zuflucht in Höhlen suchen, die nicht so tückisch sind.

21.4.1986
Es ist kalt geworden. Graue Wolken ziehen vom Tal herauf. An der Adria mag die Sonne scheinen, wie oft bei Strömungen von Westen her. *«Se il Casentino ride, il Mugello piange»* *, sagte die Signora dazu. Der Wind läßt dem grünen Graspelz zwischen den Häusern Schauder über den Rücken laufen. Ich habe ein wenig gemäht. Das liegende Gras ändert seine Farbe nicht.

24.4.1986
Der grüne Schleier über den Skeletten der Bäume wird von Tag zu Tag dichter. Die zweiten Nußbaumknospen treiben aus. Der Baum schützt sich durch ein Notstandsprogramm gegen den Frost. In diesem Jahr treibt er nur Blätter und macht keine Anstrengungen zur Fortpflanzung mehr.

Wer länger lebt, braucht solche Schutzmaßnahmen: eine zweite Verteidigungslinie gegen den Tod. Die Sonne hat noch nicht die Rechte übernommen, die sie über das Leben hier hat.

* Wenn das Casentino lacht, weint das Mugello. Das Casentino liegt über dem Apennin, auf der adriatischen Seite.

25.4.1986
Immer noch zögert ihre Majestät. Wolken verschleiern sie; ich zünde ungeduldig den Ofen an. Wenn ich die Abstände nicht zähle, wohne ich hier länger als in jedem anderen Haus, in das ich jemals Tisch und Bett stellte. So wird dieser erfüllte Traum meiner ersten Reisen zum Zeichen, daß ich alt geworden bin – Karawanserei an der großen Ameisenstraße, verloren zwischen Dornen. Die Zypressen, die ich gepflanzt und wieder gepflanzt habe (denn die ersten wurden von Mauleseln und Ziegen gefressen), sind groß geworden und tragen seit vielen Jahren Samen.

26.4.1986
Morgens regnete es. Wir waren auf der Flucht vor dem grauen Schleier über dem Mugello tief im Apennin, bis Marradi auf der romagnolischen Seite. Das Gebirge ist unruhig, die Straße oft von schlecht verheilten Erdwunden verwüstet. Picknick an einem Flüßchen, das über Mergelplatten zur Adria hinabeilt, sauber und lärmend. Ich sammelte Treibholz und machte ein kleines Feuer, denn die Sonne hatte sich wieder hinter Wolken versteckt.

27.4.1986
Das Licht bleibt trüb. Regen schlägt aufs Dach, hängt im Gebüsch, so daß die engen Waldpfade von allen Seiten die Kleider nässen. «Fahren wir zurück?» Anna trappelt herum, während wir noch weiterschlafen wollen. «Die Sonne scheint, die Sonne scheint», singt sie. Weil sie aufgestanden ist! Die Eltern muffeln weiter. Schließlich mache ich trotzig ein großes Feuer im Kamin. Das Teewasser wird im Kupferkessel gekocht, nicht auf dem Gasherd. Das nasse Holz spuckt und zischt, aber die Glut von gestern abend ist noch stark.

29.4.1986
Die Wolken bleiben, obwohl am Morgen die Sonne für einen Augenblick den Nebel durchdringt. Nachrichten im Radio. Eine Explosion in einem Atomkraftwerk bei Kiew, widersprüchliche

Angaben über die Zahl der Toten, zwischen zweitausend und zwei, kein Wunder bei der üblichen Geheimniskrämerei der Sowjets. Vor 42 Jahren ist mein Vater bei Kiew gefallen, am 6. Januar 1944. Magisches Denken: als ob sich etwas für mich gerächt hätte. Das Unglück wurde von den Behörden verschwiegen. Die Schweden dachten zuerst, die Radioaktivität in der Luft über ihrem Land käme aus ihren eigenen Atomkraftwerken. – Der Regen legt einen Schleier über das Tal, in dem das frische Grün zu dämmrigen Tupfen wird. Vor meinem Fenster hängt ein Vorhang aus Perlenschnüren, wie jene, die im Sommer den Eingang der Lebensmittelläden vor den Fliegen schützen sollen.

30.4.1986
Die Katastrophe in Tschernobyl beschäftigt den Rundfunk sehr. Hilflose, ratlose Kommentare, Beschwichtigungen. Keine Milch trinken! Wir im Westen haben die sicheren AKWs! Ob nun die Aktien von Siemens steigen (weil die KWU bessere Meiler baut) oder sinken werden (weil man diesem Fortschritt nicht mehr traut)?

Das Wetter bessert sich. In einem Stück Olivenholz, das ich aus dem *campo* hole und ins Kaminfeuer werfe, hat sich ein Ameisenvolk auf den Hochzeitsflug vorbereitet. Geflügelte Prinzessinnen (und Prinzen?) warten auf ihre Stunde. Anscheinend können sie das entscheidende Signal noch nicht wahrnehmen. So klammern sie sich, von der Hitze vertrieben, bis zuletzt an den glühenden Stamm, sterben lieber, als ihn loszulassen.

Als ich das nächste Stück Olivenholz hole, achte ich darauf, daß keine Ameisen daran sind. Dabei fallen mir einige große, gewundene Gänge auf, die anscheinend leer sind. Sobald der Prügel Feuer gefangen hat, entpuppt sich das als Irrtum. Schwirrend lösen sich eine dicke blaue Hummel nach der anderen vom Holz und fliegen zum Licht, stoßen tönend gegen Glas. Ich öffne die Fenster; so schenke ich, ein zynischer Helfer, denen die Freiheit, deren Heim ich in Brand steckte.

1. 5. 1986
Endlich scheint die Sonne, wir röten uns in ihr, waschen die Haare. Ich steige auf das Dach und mörtle am Kamin, wechsle *embrici* aus, die durch den Einsturz des alten Kamindachs zerbrochen sind. Dann muß ich noch drei ersetzen, einen, den ich zufällig entdecke, und zwei, die mir unterm Schuh zerbrechen.

2. 5. 1986
Zum Abschied ein blauer Himmel mit dunstigen Rändern, die am Abend die Sonne in eine rote Scheibe verwandeln und schließlich verschlucken, lange ehe sie den Horizont erreicht.

3. 5. 1986, Vicchio – München
Noch nie war der Wechsel so wie dieses Mal. Mit Drucksachen, Briefen, Anrufen, Autolärm bleibt immer ein Teil der Lasten zurück, die eine Großstadt den Bürgern auflädt und deren Gewicht besonders deutlich spürbar wird, wenn man es für eine Weile nicht tragen mußte. Aber jetzt kommt etwas hinzu, das es noch nie gab: Tschernobyl ist hier kein fernes, fesselndes Gerücht, sondern ein Teil des Alltags; überall und unsichtbar sind radioaktive Isotope, die Besucher ziehen freiwillig ihre Schuhe aus, schließlich ist ein Kind in der Wohnung, das nicht mehr im Sand und auf den Wiesen spielen darf.

Die Bedrohung ist ungreifbar, macht aber die greifbaren Gefahren, die Abgase, die geschlossenen Räume, den Mangel an Bewegung und freier Luft, doppelt unerträglich. Freunde erzählen von persönlichen Messungen, die weit über dem liegen, was überall beschwichtigend verlautet. Wieder bemerke ich, wie bitter es ist, um solche Gefahren schon lange gewußt zu haben: es raubt den Glauben, daß jetzt, unter diesen Eindrücken, rasch und wirkungsvoll gehandelt wird. Solche Hoffnung mag einer hegen, der bisher an die Sicherheitsversprechen geglaubt hat.

Ende August fuhren wir wieder in die Toscana.

Montag, 24. 8. 1986
Gestern rasche Fahrt, vom Regen getrieben: wir wollten erst zum Picknick anhalten, wenn er vorbei war. So hofften wir, da es im Inntal goß, auf den Brenner, in Sterzing auf Brixen, in Brixen auf Bozen, in Bozen auf Trient. Nach der Veroneser Klause sahen wir einen Lichtstreifen am Horizont und rollten unter einem düsteren Himmel mit zerfetzten, glühenden Rändern in die Ebene hinein. In Bologna schien die Sonne. Der Sommer war hier trocken und heiß. Die Pappeln trugen nur noch schütteres Laub. Die Nußbäume lassen die Blätter hängen, viele sind schon gelb getupft. Oft fällt eines raschelnd zu Boden.

Ich habe, um das Trinkwasser zu reinigen, eine Filterkerze aus Keramik gekauft, die nach dem Siphon-Prinzip wirkt. Bald tröpfelt das Wasser stetig in den Kanister. Es schmeckt nach Chemie. Hätte ich lieber die Quelle im Pappelwäldchen freilegen sollen? Der Bach ist im Sommer so langsam, daß das Wasser in den Tümpeln fault. Und wieviel Verlaß ist auf die Quelle?

Vielleicht ist es eine Spätfolge von Tschernobyl. Die neugeweckte Angst vor Giften läßt mich überall vorbeugen, wo ich Möglichkeiten sehe. Das gefilterte Wasser verliert nach einigen Tagen seinen penetranten Geschmack.

31. 8. 1986
Der August ist zu Ende. In Vicchio feiert man die *fiera calda* (Sommerfest) mit Pferdemarkt, Wanderzirkus und Kettenkarussell, einem Wettkampf im Käserollen (die diskusförmigen Laibe des *pecorino vecchio* [alter Schafskäse] eignen sich dafür) und dem Tanz am Abend auf dem Marktplatz, unter einer Krone bunter Plastikbänder, die von den Häusern zum Kirchturm gespannt wurden. Zum Abschluß ein Feuerwerk am künstlichen See, das weit ins Tal hineinflammt. Der Donner bricht sich an den Hängen.

Samstag, 6.9.1986
Fahrt nach Arezzo, zum großen Antiquitätenmarkt auf der *piazza grande*, der jeden ersten Samstag im Monat stattfindet. Viele Händler kommen aus Neapel. Auf dem Stadtplatz wird die *giostra del saraceno* vorbereitet, das Turnier gegen einen hölzernen Heiden, gewiß nicht sinnvoller als der Kampf Don Quixotes gegen die Windmühlen, aber einträglicher für Roß und Reiter. Durch den Trödel blickt man weit über die Ebene; die bläulichen Hügel wiederholen sich in halbblinden Spiegeln und poliertem Silber.

Abends bin ich enttäuscht, daß die Sonne den ganzen Tag um das Haus zog, und ich war nicht da. Ich ging fort, ehe sie den Frühstückstisch wärmte, kam erst wieder, als sie den Saum der *monti pistojesi* vergoldete. Morgen will ich es besser machen.

12.9.1986
Die Morgennebel zerstreuen sich nur langsam. Es riecht nach Herbst. Tautropfen machen die Spinnennetze sichtbar; Spurverdeutlichung wie bei den Elementarteilchen in der Blasenkammer. Baldachine und Kuppeln, Räder und Schüsseln. Die Weberinnen unter den Insekten ergänzen sich: kunstvoll kreisförmige Netze sollen fangen, was zwischen Halmen und Büschen hindurchfliegen will, während die kreuz und quer gesponnenen Schleier dazu dienen, Beute zu machen, die sich vom Boden erheben oder zu ihm zurückkehren will.

16.9.1986
In Borgo ertränkt der Markt Straßen und Plätze. Wie kümmerlich sind «Supermarkt» oder «Kaufhaus», verglichen mit ihm. Statt die Kunden zur Ware zu locken, kommt hier die Ware zu ihnen. Arbeit für viele selbständige kleine Händler, Familienbetriebe, mehr Schonung für Auge und Ohr (denn sechs Tage in der Woche liegen Straßen und Plätze ruhig da und genügen sich selbst, während das Kaufhaus immer nach Menschen giert).

Abends wandere ich zum *fosso* (Bach) und bade in dem kühlen Wasser. Um diese Zeit, in der die Sonne den Hügeln im Westen näher rückt und ihren Schein an die Mauern wirft, ist es dort schon fast dunkel. Die Blume, die gestern auf einem Stein neben dem Waschplatz liegenblieb, ist immer noch frisch, als sei sie eben gepflückt.

Auf dem Weg nach Hause lerne ich einen neuen Fluch kennen. «*Madonna brutta maiala*» brüllt plötzlich eine Frauenstimme irgendwo im Dickicht. Eine unsichtbare Pilz- oder Brombeersammlerin hatte sich in den Dornen verfangen und gab der geduldigen Madonna («häßliche Sau») die Schuld. Dieses enge, von der Haßliebe des Alltags bestimmte Verhältnis zu den Heiligen gefällt mir; in den süßen Gebeten, die ich als Kind lernte, hat doch allerhand gefehlt.

17.9.1986

Hartnäckiger als die Tage vorher bleibt der Nebel. Was ich so gerne hier tue, mich in der Wildnis herumtreiben und den Veränderungen der Pflanzen zusehen, habe ich auch diesmal zuwenig getan. (So ist immer mein Gefühl vor der Abreise.) Ich schlage mich in die Ginsterbüsche. Die Röte der Hagebutten wird täglich intensiver. Die Brombeeren verlieren nach den ersten Herbstregen an Geschmack; jetzt fallen sie zu Boden. Die blauen Feigen sind reif, ich muß mich mit dem Pflücken beeilen, weil die Vögel gerne an diesen Früchten picken. Der Feigenbusch unten im *campo* ist zusammen mit den Oliven erfroren, er trägt noch nicht wieder, ich schneide die Brombeerranken um ihn herum zurück. Die Pappel an der Quelle ist sehr groß geworden – vor zwölf Jahren habe ich im Frühling einen abgeschnittenen Ast tief in die weiche Erde gebohrt. Die Eichen und Bergahornbäume sind noch nicht stark genug, um die Dornen unter ihnen zu ersticken. Wo der große Sandstein wie eine Klippe mitten in den *campi* liegt, wachsen Mauerpfefferstauden wie winzige Palmen.

Die großen Kröten erwachen nach dem Regen aus dem Sommerschlaf und suchen nach den Nacktschnecken, die ebenfalls erwachen. Heute abend trat ich auf eine, die unmittelbar vor der Haustür saß wie der Froschkönig – ich zuckte zurück, sie hoppelte davon.

18.9.1986

Es ist wieder so heiß geworden, daß ich fast nackt im schattigen Zimmer sitze. Eine unruhige Nacht. Unter der Decke zu heiß, über der Decke sirren die Moskitos … Ich fühle mich hier manchmal von einem Heer Insekten eingeschlossen wie in einer belagerten Festung. – Da sind Ameisen, die ihre Straßen quer durch das Haus, durch Dach und Fensterritze legen (und in einem Monat ein Pfund Staub und Holzteile verlieren); Holzwürmer, die im Gebälk ticken und gelbliches Mehl auf die roten Fliesen streuen, Mückenlarven, die im Zisternenwasser schwänzeln, Schmeißfliegen, die blitzschnell die Gelegenheit wahrnehmen, ihre Eihaufen auf Würste oder Fleisch zu legen, Hornissen, die ein Nest auf dem Dachboden bauen, größer als ein amerikanischer Fußball, Wanzen auf den Brombeeren, Bienenschwärme. Zecken lassen sich vom Nußbaum fallen; Spinnen spannen im Klo ihre Netze, hängen Schleier in jeden Winkel, Skorpione suchen im Herbst die Wärme der Bettdecken und wehren sich mit juckenden Stichen gegen den zudringlichen Arm des Schläfers. Zahlreicher als wir sind diese Untermieter, und sie haben ein älteres Recht auf die Welt. Mit den Ameisen, den am besten organisierten Mitbewohnern, habe ich seit langem eine Politik friedlicher Koexistenz gewählt. Ich verfolge sie nicht mehr mit Gift oder Leim, beseitige ihre Spuren, weiche ihnen aus, wo ich kann. Gestern habe ich die Wäscheleine umgespannt, weil sie von einem unerschöpflichen Strom kleiner Waldameisen als Schnellstraße zwischen dem Backofendach und dem großen Nußbaum mißbraucht wurde. Jede Wäscheklammer betrachteten sie als Eingriff in ihre Sphäre und verbissen sich in sie.

19.9.1986

Der Abschied verstärkt die Schönheit der Wildnis und des unverstellten Himmels. Während ich die letzten Scheite der großen Pinie wegräume, begegne ich einem Mann in Blau und Grün, einem Pilzsucher aus dem Dorf, ausgewiesen durch eine Plastiktüte. (Die Pilzsucher aus der Stadt tragen geflochtene Weidenkörbe, die sie sorglich mit Farnkraut polstern.) «Ich war als Kind in diesem Haus evakuiert», erzählt er. «Es war 1944, als unten im Tal die Deutschen ihre *linea gotica* vorbereiteten und die Türme von Vicchio sprengten. Da war alles ganz anders, viele Familien, hier ein Kochfeuer, dort ein großer Garten.» Er ist freundlich und ruhig. Meine Landsleute haben damals die Städte verwüstet, die Brücken gesprengt und ihn zwischen zwei Feuern untergebracht: Partisanen auf dem Monte Giovi, Deutsche und Faschisten im Tal, entlang der Straße. «Ich bin schon zwanzig Jahre hier», sage ich. «Ich wollte, ich hätte jemanden gefunden, der das Land bearbeitet. Aber ich fand keinen.» – «Ja, die Erde ist zu weit unten, man muß sich bücken», entgegnet er und dreht eine imaginäre Schraube in Augenhöhe fest. «Deshalb wollen alle in die Fabrik, keiner will hier arbeiten, unter den Oliven.»

Er hätte nicken können oder sachlich antworten. Aber er war Toskaner, und er mußte einen Scherz aus dieser Frage machen.

20.9.1986

Auf der Heimfahrt sah ich auf dem Dach eines Bauernhauses zwischen Sagginale und Borgo eine geknickte Fernsehantenne, die wie eine kranke Spinne auf den braunen Ziegeln lag. Ich freute mich, als hätte ich und nicht der Sturm einen Sieg errungen.

Buchveröffentlichungen von Wolfgang Schmidbauer in zeitlicher Reihenfolge

1970 Mythos und Psychologie.
Methodische Probleme, aufgezeigt an der Ödipussage
1971 Seele als Patient.
Eine Aufklärung für Gesunde und Gefährdete
1971 Psychotherapie.
Ihr Weg von der Magie zur Wissenschaft
1972 Die sogenannte Aggression.
Die kulturelle Evolution und das Böse
1972 Verwundbare Kindheit
1972 Erziehung ohne Angst.
Eine Orientierungshilfe für Eltern
1972 Homo consumens.
Der Kult des Überflusses
1973 Biologie und Ideologie.
Kritik der Humanethologie
1973 Jäger und Sammler.
Als sich die Evolution zum Menschen entschied
1974 Psychosomatik
1975 Heilungschancen durch Psychotherapie
1975 Vom Es zum Ich.
Evolutionstheorie und Psychoanalyse
1976 Jugendlexikon Psychologie.
Einfache Antworten auf schwierige Fragen
1977 Die hilflosen Helfer.
Über die seelische Problematik der helfenden Berufe
1980 Alles oder nichts.
Über die Destruktivität von Idealen

1981 Die Ohnmacht des Helden.
Unser alltäglicher Narzißmus
1982 Im Körper zuhause.
Alternativen für die Psychotherapie
1983 Helfen als Beruf.
Die Ware Nächstenliebe
1985 Die Angst vor Nähe
1985 Tapirkind und Sonnensohn
1986 Die subjektive Krankheit.
Kritik der Psychosomatik
1986 Ist Macht heilbar?
Therapie und Politik
1987 Eine Kindheit in Niederbayern
1988 Liebeserklärung an die Psychoanalyse
1990 Ein Haus in der Toscana.
Reisen in ein verlorenes Land
1991 «Du verstehst mich nicht!»
Die Semantik der Geschlechter
1991 Partner ohne Rollen.
Die Risiken der Emanzipation
1992 Wie Gruppen uns verändern.
Selbsterfahrung, Therapie und Supervision
1992 Weniger ist manchmal mehr.
Die Psychologie des Konsumverzichts
1993 Einsame Freiheit.
Therapiegespräche mit Frauen
1994 Mit dem Moped nach Ravenna.
Eine Jugend im Wirtschaftswunder
1995 Jetzt haben, später zahlen.
Die seelischen Folgen der Konsumgesellschaft